Autobiographie d'un lecteur

Vu et entendu, Stock, 1965.

Monsieur a-t-il bien tout dit aujourd'hui ?, Denoël, 1967.

Prague, l'été des tanks (en collaboration avec P. Desgraupes), Tchou, 1968.

La Tête, Grasset, 1980.

Narcisse, Talus d'approche, 1986.

Brossard et moi, Verdier, 1989.

La Nonchalance, Verdier, 1990.

La vie est village, Verdier, 1992.

Le Parloir, Verdier, 1995.

Des goûts et des dégoûts, L'Échoppe, 1996.

La Maison vide, Verdier, 1996.

Pierre Dumayet

Autobiographie
d'un lecteur

PAUVERT

J'ai sept ans et j'écoute la radio. J'entends un léger sifflement. C'est un serpent. Je le vois avancer dans une sorte de tuyau. C'est une odeur qui l'attire : celle d'une femme endormie. Je suis dans la chambre maintenant. Je vois, à la radio, son lit, les murs recouverts de lauriers marron. Au-dessus du lit, à la place du crucifix, une petite Joconde en carton cache un trou. Ce trou est la fin du tuyau. Le serpent va sortir par là, piquer la dame et repartir par le même chemin. Le voici. Et moi, j'ai peur, et j'aurai peur pendant des mois.

Bien plus tard, en lisant *La Bande mouchetée*, j'ai reconnu mon serpent. Mais l'adaptation radiophonique du roman de Conan Doyle a été, pour moi, beaucoup plus violente que la lecture. Ne sachant pas ce qu'était une adaptation, j'ai écouté l'émission comme on regarde arriver un accident. Cette peur n'était pas agréable. Je m'en souviens aujourd'hui comme d'une lecture amplifiée. Je me demande si chacun de nous, lisant un livre, n'esquisse pas, à son insu, une adaptation bruitée.

Enfermé dans une boîte, un serpent peut toujours siffler : nous ne l'entendons pas. Un livre est une boîte qui ferme bien. Dans un livre, un serpent ne siffle pas. Si vous ne voulez rien entendre en lisant, vous n'entendez rien. Mais si, par nature, vous êtes attentif aux bruits ou si l'auteur a réussi à vous inquiéter, alors vous entendrez le serpent siffler. Plus ou moins fort, selon votre inquiétude.

Madame Bovary est un livre que je pourrais relire les yeux fermés. Je l'ai lu si souvent. Je dis cela pour vous prier de m'excuser. Il se peut que je vous parle plusieurs fois de *Bovary*. Dans *Bovary,* il y a des mouches, beaucoup de mouches. Des mouches à viande. Par politesse, Flaubert supprimera «à viande» dans cette phrase : «Des mouches, sur la table, montaient le long des verres qui avaient servi, et bourdonnaient en se noyant au fond, dans le cidre resté.»

Difficile d'oublier ces vingt-quatre mots. Comment peut-on être sur la table et monter le long d'un verre ? Il suffit d'être une mouche : pour une mouche, il n'y a pas de différence entre la table et un verre puisqu'il n'y a pas, pour elle, de différence entre marcher et grimper, entre l'horizontal et le vertical. Cette phrase de Flaubert est peut-être la mère d'une expression de Proust, à propos du buffet de Chardin : «Dans un seau de l'eau traîne à terre...»

Bien. L'autre jour, voulant rajeunir, je relis *Les Petites Filles modèles* et, partant, je visite quelques fermes tenues par des pauvres gens. Surprise! Il n'y a pas une seule mouche dans les fermes décrites par la comtesse de Ségur. Cette absence de mouches m'importe autant que la violence des fessées séguriennes. Cette absence de mouches est un fond de silence sur lequel se détachent les dialogues. Aucun vent, aucun bruit : le monde est un théâtre.

Je me souvenais des personnages de *Pauvre Blaise :* le méchant Jules, la bonne Hélène. Je croyais que c'était une hache que Jules se lais-

7

sait tomber sur le pied. J'ai relu le livre hier. Ce n'est pas une hache, c'est une serpe. En menaçant Blaise, Jules lâche la serpe qui «fit une entaille au soulier, au bas, à la peau». Ensuite, Jules accusera Blaise de lui avoir donné un coup de serpe. Ainsi se termine, pour Blaise, la première visite au château. Première station du chemin de croix. Jules, le fils du châtelain, continuera d'accuser faussement Blaise. Il y a du viol dans ces mensonges, mais Blaise refuse le viol. Il se défend en parlant. C'est Jésus devant les docteurs. Ses réponses sont si dignes, si religieuses, si ferventes que, peu à peu, Blaise étonne. Jules, malade, va finir par croire en Blaise.

C'est de ma relecture d'hier que je parle. Avant elle, je n'avais aucun souvenir de cette aventure spirituelle. La hache m'avait frappé. La méchanceté de Jules aussi, mais je n'avais pas remarqué l'incroyable foi de Blaise. Je n'irai pas jusqu'à dire que Blaise fait des miracles. Certes, il enterre dans la cendre tiède des poulets noyés et les poulets revivent. Mais revivre n'est pas ressusciter. La comtesse de Ségur pouvait croire au pouvoir de la cendre tiède. Elle croit bien que l'eau salée guérit un enfant mordu par un chien enragé. Elle croit aussi que «le tonnerre ne touche jamais aux personnes qui ont sur elles quelque objet en soie».

J'avais oublié toutes ces prescriptions. Il est vrai que je devais avoir sept ans et que l'abbé Werhlé, l'aumônier du lycée Buffon, nous racontait beaucoup d'histoires destinées à nous faire comprendre le catéchisme. L'abbé Werhlé, il faut être juste, ne nous a jamais demandé de croire ce qui était écrit dans le catéchisme. Il nous demandait seulement de le savoir par cœur. Quant aux histoires saintes, nous les écrivions sous sa dictée. L'abbé Werhlé complétait son enseignement par des leçons de choses sur l'Enfer. Épicure – ses voluptés, ses plaisirs charnels – était son adversaire principal. Cette haine d'Épicure n'a aucune importance, direz-vous. Je ne suis pas de votre avis. J'ai retrouvé mon cahier. J'ai pu ainsi découvrir que je ne faisais pas très attention au sens des paroles qu'on me donnait à entendre. Pendant trois ans, quand l'abbé Werhlé dictait : «la doctrine d'Épicure», j'écrivais «la doctrine des piqûres». Comment ai-je pu faire cette erreur, moi qui vivais dans la peur dêtre piqué par une guêpe ou un serpent ? Mystère. C'est peut-être le pluriel qui me rassurait. J'avais peur d'une piqûre. Celle qui allait arriver inexorablement. Je n'avais pas peur des piqûres en général. Il est donc normal que le contenu théologique de *Pauvre Blaise* m'ait échappé.

Ces cours d'instruction religieuse étaient pesants. Seuls quelques instants les allégeaient : lorsque, tout à coup, quelque chose était dit que nous comprenions. Quand Ponce Pilate, par exemple, déclarait s'en laver les mains. L'abbé Werhlé était surpris par notre intérêt subit : nous devinions tous ensemble que, contrairement à la ritournelle (Lave-toi les mains), se laver les mains pouvait dans certains cas provoquer la réprobation. C'est mon premier souvenir d'ambiguïté.

Il me semble avoir lu les romans de la comtesse de Ségur au moment où j'apprenais par cœur le catéchisme. Or je n'ai jamais fait le moindre rapprochement entre le Dieu du catéchisme et le Bon Dieu de la comtesse. Le Dieu du catéchisme était un être parfait. Comment savoir ce que signifie le mot « parfait » ? Tandis que le Bon Dieu de la comtesse fait attention à tout.

Par exemple : Sophie trouve un petit chat dans une haie. Sophie s'étonne : les chats ne vivent pas dans les bois. Nous comprenons que, selon Sophie, ce chaton a pris des risques, est bête. La maman de Sophie prend la défense du chat : des mauvais garçons l'ont peut-être jeté là, après l'avoir battu. Ce qui lui permet de conclure :

«D'ailleurs, il n'a pas été si bête d'être resté là puisque vous avez passé auprès et que vous l'avez sauvé.»

Paul, cinq ans, intervient : «Le petit chat ne pouvait pas deviner que nous passerions par là. »

«Lui, non, dit la mère de Sophie, mais le Bon Dieu *qui le savait* l'a permis, afin de vous donner l'occasion d'être charitable, même pour un animal.»

Le monde est ainsi fait que Dieu nous tend la main constamment. Le monde est domestiqué par le Bon Dieu. Encore un mot : puisqu'il savait que Paul et Sophie passeraient par là et verraient le petit chat, le Bon Dieu est le personnage principal de tous les romans de la comtesse de Ségur. C'est lui seul qu'on offense quand on ment. C'est de lui seul que nous devons attendre le pardon. Sophie sait si bien cela qu'elle voudrait obtenir de son rouge-gorge qu'il lui demandât pardon de l'avoir griffée. Certes, Sophie «exagère», mais bien des contemporains de la comtesse aimaient «exagérer».

J'ai, à propos du catéchisme, encore une question posée. Il ne m'est jamais arrivé, en ce temps-là, d'imaginer qu'il pouvait y avoir un rapport entre les postulats du catéchisme et la nature des péchés que nous devions avouer. Lorsque l'heure de la confession arrivait, nous faisions la queue. Pas exactement la queue puisque nous étions assis. Nous avions, pour nous aider, un menu sur lequel avaient été imprimés, une fois pour toutes, les péchés du jour. Les péchés les plus fréquents étaient comme usés. «Pensées impures» était pratiquement illisible. C'est beaucoup plus tard que j'ai compris comment les péchés devaient être rangés : sous le Commandement dont ils sont l'infraction.

La première aventure, et la seule, que j'ai eue avec un personnage de roman, je la dois à deux écrivains : Erckmann et Chatrian. Il s'agit de

Madame Thérèse. Je parle du personnage. J'ai encore sa voix dans l'oreille, sa douceur, la confiance que j'avais en elle. Madame Thérèse était beaucoup plus âgée que moi. Elle était cantinière, je crois. Elle accompagnait les soldats de l'an II ou les grognards de l'Empereur, je ne sais plus très bien. Certes, je pourrais relire ce livre. Ce serait plus courtois, mais je préfère le garder comme un souvenir oublié. Ce qui me reste est la voix de Madame Thérèse, une voix sans mots, presque réelle, une voix qui ne chante pas mais qui pourrait parler, en cas de danger. Mélisande a une voix de cette nature, qu'on reconnaît parfois quand la cantatrice veut bien ne pas se mettre devant elle. Les femmes de Tchekhov, surtout celles de *La Cerisaie*, ont ce type de voix : une voix qu'on ne distingue pas du corps.

J'ai oublié de parler des catalogues de jouets. C'étaient des vrais volumes, édités par les grands magasins. Leur lecture était enivrante, comparable – bizarrement – à celle des catalogues de voitures qu'on trouvait, chaque année, au salon de l'automobile. Les vendeurs de Cadillac ou de Packard n'hésitaient pas à donner aux gamins leurs brochures somptueuses. Somptueuses et en couleur. Alors que les catalogues de jouets étaient imprimés en noir et blanc. Me semble-t-il. Un bon catalogue de jouets se laissait lire une vingtaine de fois. Je crois bien avoir lu certains romans comme s'ils étaient des catalogues, mais des catalogues exhaustifs. Comme si, dans ces catalogues, l'humanité tout entière pouvait être achetée. Oui, je crois bien que j'ai lu *Les Trois Mousquetaires* de cette façon. Le cardinal et les hommes du cardinal étaient comme des jouets sans intérêt. À eux quatre, les trois mousquetaires représentaient l'ensemble des bons. Un homme digne d'exister s'appelle Athos, Aramis, d'Artagnan ou Porthos. Tous les autres sont inutiles, sont des jouets dont on n'a pas envie. Les mousquetaires sont des locomotives. La reine est à peine un passage à niveau. Le cardinal, n'en parlons pas. C'est peut-être lui qui m'aura donné, une fois pour toutes, la haine du pouvoir.

Cette dernière phrase ne manque pas de ridicule mais je la tiens pour vraie. Cette haine du pouvoir, incarné pour la première fois par le cardinal de Richelieu, je crois la reconnaître dans l'enthousiasme que me donna, quelques années plus tard, Jacques, le personnage révolté des *Thibault* de Roger Martin du Gard. Mais, me direz-vous, grâce aux mousquetaires, le cardinal est perdant. Certes, mais gagnant ou perdant, la haine ne décolère pas.

Rappelons-le : je n'ai pas la prétention de dire la vérité. Je voudrais seulement dire ce qui me semble vrai. Ainsi, à propos de Jules Verne, je me demande s'il n'est pas responsable de cette peur de l'eau qui me gêne quand je voudrais nager. J'ai gardé de *Vingt mille lieues sous les mers* un souvenir d'oppression d'autant plus terrifiant que le livre que je lisais, par le rouge et l'or de sa reliure, avait un air de famille avec la chasuble d'un prêtre disant la messe. Tous les romans de Jules Verne que j'ai lus étaient en grande tenue. Sauf un, *Cinq semaines en ballon*, celui que je préférais. C'est dans ce livre qu'un botaniste réussit à faire une horloge végétale : à chaque heure nouvelle, une plante s'épanouit.

Dans les années 1930, on pouvait entrer au lycée dès la maternelle. Maman m'ayant appris à lire et à écrire, je n'ai pas compris, pendant de longues années, ce que j'avais à faire au lycée. Je lisais les manuels sans éprouver le moindre besoin de « savoir ». Je les lisais, c'est tout. J'ai fait la planche, ainsi, jusqu'en première. Quant aux textes étudiés en classe, je les ai oubliés. (Je les ai retrouvés par hasard.) Je crois me souvenir qu'on nous apprenait à démonter les tragédies, comme nos adjudants, un peu plus tard, nous enseigneraient l'art de remonter un fusil : les yeux bandés. Comme si nous avions envie d'écrire des tragédies, à la barbe de Corneille. Quant au plaisir de lire, il était très loin. Je n'accuse personne, sauf moi. Je n'avais pas compris que lire servait à apprendre. Je croyais que lire servait à lire, exclusivement. Je crois n'avoir pas changé.

En classe de philosophie, M. Perret m'a réveillé. Nous avons eu la chance, Desgraupes et moi, d'avoir à cinq ans de distance le même merveilleux professeur de philosophie. Cela nous a servi énormément. Je veux dire : souvent.

Je n'ai rien dit des lieux de lecture. Les romans de la comtesse, je les ai lus à Paris. On est venu nous mettre l'électricité au moment où je lisais *Pauvre Blaise*. Auparavant, nous étions éclairés au gaz. La différence ne me parut pas sensible, sur le coup. Nous avions parfois des pannes d'électricité, en cas d'orage. Je ne me souviens pas d'avoir eu, avant l'Occupation, des pannes de gaz. Les Jules Verne dorés sur tranche se trouvaient dans la maison de mon oncle Marcel qui était pharmacien à Houdan. L'écoute de *La Bande mouchetée* eut lieu chez mon cousin Maurice, qui était pharmacien à Déville-lès-Rouen. Je voulais être pharmacien. Avoir des bocaux pleins de pastilles de soufre, de goudron. Aujourd'hui encore, je range les odeurs d'iode, de créosote ou de camphre parmi les parfums. J'aimerais être réveillé, le matin, par une bouffée de chloroforme. À Houdan, les pilules, les comprimés se faisaient à la main. Nous n'étions pas loin de la pharmacie de *Bovary*. À ceci près : mon oncle ne m'a jamais dit où il rangeait l'arsenic. Bref : j'adorais mon oncle Marcel et je déteste M. Homais, le pharmacien de Flaubert.

Est-il raisonnable de dire qu'on déteste un personnage de roman ? Les sentiments que nous éprouvons pour des personnages fictifs sont-ils réels ? Chacun a le droit de répondre par oui ou par non. La vraie question – et je me la pose – serait de savoir s'il nous semble ou non que les sentiments que nous avons pour Hamlet ou pour Madame Bovary sont de la même nature que ceux que nous éprouvons pour des personnes véritables.

Cette question est un piège. Je ne suis pas sûr de savoir en sortir. Voyons. Il est clair qu'on enverrait au diable quelqu'un qui nous dirait : « Élisabeth voudrait bien m'épouser, mais comme je suis amoureux de Madame Bovary, je lui ai refusé ma main.» Que dirions-nous de ce bonhomme? Qu'il est fou? Qu'il se moque de nous? Supposons-le sincère. Bien. Nous dirions : c'est un fou. Élisabeth devrait se méfier. Il nous paraît donc «impossible» de préférer une dame-fiction à une demoiselle réelle. Pourquoi, dans ces conditions, passons-nous autant de temps à lire? Comme j'écris à haute voix, mon voisin m'écoute et me dit :

— Je ne crois pas qu'on puisse considérer comme semblables des gens qui existent et des gens qui n'existent pas.

— Certes, ils ne sont pas semblables; mais ceux qui n'existent pas sont semblables à ceux qui existent.

— À l'existence près.

— L'existence est comme la mode : elle passe. Si Vénus avait existé, son existence ne serait pour rien dans sa gloire. À peine «un plus».

— Ce sont les femmes, en lui ressemblant, qui la font exister. Ce sont les lecteurs et les lectrices de Flaubert qui font exister Madame Bovary. Le mouvement est le même.

— Mais la question portait sur la nature des

sentiments que nous croyons avoir pour les personnages fictifs. Où en sommes-nous ?

– Nous savons, depuis longtemps déjà, qu'on ne peut pas tuer une personne fictive. Nous savons qu'un être vivant ne sera jamais aimé par une personne fictive. Mais nous ne savons pas encore si nous pouvons *vraiment* aimer ou détester une personne fictive. Qu'y a-t-il de vrai dans ce jeu ?

Pardonnez-moi de m'être laissé embarquer dans cette galère. À vrai dire, on m'a poussé. C'est une notion à la mode qui m'a poussé. Une notion qui m'agace : l'interactivité. Grâce à elle, si on voulait bien, on pourrait sur Internet se faire lire par un livre.

Bien. Tâchons de reprendre le cours de la mémoire. Il est certain que j'ai dû chercher dans des bouquins quelque chose à lire qui ressemble à une baisade. Je ne suis pas sûr de l'avoir trouvé. Je me souviens d'avoir eu des problèmes avec mon père à propos d'un livre de Lucien Fabre intitulé *Rabevel*. Mais *Rabevel* ne m'a laissé aucun autre souvenir. Je ne vois rien d'écrit qui, à l'époque, m'ait donné une vraie satisfaction. Il n'y avait pas de livres érotiques à la maison. Je me demande bien qui les aurait lus, à part moi. Cette passion de la nudité qui agite – et pour longtemps – les jeunes garçons était, relative-ment, mieux servie par les images. Je parle d'images épurées par l'art et ternies par la repro-duction. Bref, je parle de *La Source*, d'Ingres, qui, dans le Petit Larousse, était une jeune femme nue – avec cruche – en noir et blanc. Je n'ai pas en mémoire l'équivalent écrit de *La Source*. C'est bien plus tard qu'au mot «carré», dans le Petit Larousse, j'ai découvert, sous un bonnet carré très sobre, cet exemple imprévu : «Partie carrée : partie de plaisir entre deux couples.» J'ai cru malin d'évoquer cette malice en présence d'un homme important. Dès l'édition suivante, le (mauvais) exemple fut supprimé et le resta. Je crois bien que le «bonnet carré», coupable de recel, disparut en même temps.

Quelques années après *La Source*, en ouvrant au hasard les œuvres de Rimbaud, je suis tombé sur *Les Déserts de l'amour*. Je me suis dit, alors émerveillé, que c'était ce texte-là que j'aurais dû lire au moment de mes premiers mouvements. Rappelez-vous :

«Cette fois, c'est la Femme que j'ai vue dans la Ville et à qui j'ai parlé et qui me parla.»

Quel merveilleux commencement !

«On vint me dire qu'elle était chez moi : et je la vis dans mon lit, toute à moi, sans lumière !»

On aura remarqué le rôle de la ponctuation dans cette aventure : les deux points, chez Rimbaud, sont les ouvriers du miracle.

«Je la pris et la laissai tomber hors du lit, presque nue.»

Si je l'avais lue à l'époque dite de *La Source*, cette phrase m'aurait paru tragiquement vraisemblable, aussi évidente qu'un vitrail. La laisser tomber hors du lit, c'est le malheur après la chance, ce qui peut arriver de pire. Remarque : c'est un texte de Rimbaud que quelques professeurs préfèrent ignorer. Rimbaud en effet a osé écrire, la Femme ayant disparu : «Les amis, auxquels je criais : où reste-t-elle ?, répondaient faussement.» Rester, au sens d'habiter, est «un néologisme populaire à proscrire» d'après les dictionnaires. À proscrire ? Certainement. Pourtant, comment mieux dire ce qu'on voudrait faire en habitant ? On peut rester tranquille. On ne peut pas encore habiter tranquille : le temps de ce néologisme-là n'est pas encore venu.

On pourrait m'accuser de vouloir faire lire Rimbaud prématurément. Pas du tout. Je vous demande seulement : ne vous est-il jamais arrivé, en lisant un texte, de vous dire : quel dommage ! J'aurais dû lire cela bien plus tôt ! Les livres nous aident à avoir une seconde vie, indépendante de notre vie quotidienne et de notre âge. Il me semble que dans cette seconde vie, toutes les scènes et tous les personnages sont égaux, parce que nous pouvons, également, faire appel à eux quand nous le voulons. À la mesure de nos lectures, nous avons sous notre chapeau un enfer, un purgatoire et un paradis, et le droit, à tout moment, de les visiter sans guide. Nous pouvons faire asseoir Hamlet à côté du Sapeur Camembert : personne ne nous reprochera cette association – sauf, bien entendu, si nous la faisons par écrit.

Si je m'interroge sur la seconde vie que je menais entre ma douzaine et ma quinzaine d'années, je suis obligé de dire que je ne sais rien. Ou presque. Je sais que je lisais des livres différents de ceux que j'avais lus : des traités de billard, des livres de minéralogie et, enfin, des livres sur la pêche en rivière. Il y a une certaine cohérence dans tout cela : j'aimais jouer au billard avec mon père; j'aimais pêcher à la ligne avec mon père; j'aimais, tout seul, chercher des géodes dans les carrières, ou des oursins fossiles dans les tas de cailloux. Parce que j'aimais les pierres, j'ai cru que j'aimais la cristallographie. Parce que j'aimais jouer au billard, j'ai cru qu'un jour je jouerais bien – alors qu'à force de mal jouer, on fait des progrès rapides en maladresse. Enfin j'aimais pêcher simplement et je ne comprenais rien aux discours qui prétendaient enseigner l'art de «rouler» le ver dans le courant de la rivière.

À l'instant même où je vous écris, je suis embêté, «comme quand» on voudrait dire plusieurs choses en même temps. Mettons-les sur la table :

1) «Comme quand» a été restauré par Roland Dubillard dans un poème intitulé *Trombone* : «Comme quand on s'aperçoit qu'il manque un côté à un cube.»

2) Ma dernière histoire de pêche est vraie. J'ai vu à Limoges, dans les années 1980, un distributeur automatique d'asticots. On mettait deux francs. On appuyait sur un bouton. On avait sa dose pour la journée.

3) Le billard est un jeu moral. On croit que pour faire un point, au billard, il faut avoir avant tout l'idée de ce point, le dominer dans sa tête. Mais on ne joue pas au billard avec des idées. Il faut savoir se faire obéir d'une

boule – et même de trois. Difficiles sont les efforts que doit faire un grand joueur pour que son corps, avant le coup, soit aussi immobile que les boules. Généralement, l'idée d'acrobatie est liée au mouvement. Au billard, l'acrobatie est liée à l'immobilité.

4) À propos de la rivière : dans ses lettres, George Sand ne nomme jamais la Seine quand elle habite Paris. Elle dit : la Rivière. La Rivière est un surnom intime.

On dirait que la «seconde vie» – celle des lectures –, entre douze et quinze ans, a été, pour moi, dominée par le goût de l'immobilité : celle des pierres, des boules de billard, des trous d'eau. C'est vrai, l'immobilité tient compagnie. Cette attirance m'a dirigé vers des livres qui ressemblaient à la campagne. Je pense à *Valentine,* un roman de George Sand qui commence si joliment avec ce paysan du Berri : «Rien ne l'étonne, rien ne l'attire (...) et, si vous lui demandez le chemin d'une ville ou d'une ferme, toute sa réponse consistera dans un sourire de complaisance, comme pour vous prouver qu'il n'est pas dupe de votre facétie. Le paysan du Berri ne conçoit pas qu'on marche sans bien savoir où l'on va. » Sand, oui. Et Giono. Le Giono d'avant-guerre. Il me semble qu'en lisant Giono, on assistait à la formation d'un orage. Il y avait, certes, entre les personnages des rapports habituels, compréhensibles, mais le tragique était dans l'orage qui allait éclater – ou non. Il faut dire que dans les années trente-cinq, la météo n'était pas médiatisée. On disait : il va pleuvoir, mais sans s'en vanter. Le temps qu'il allait faire n'était pas considéré comme une information. Dans la plupart des journaux, c'était une grenouille qui paraissait tenir la rubrique. Bref, le temps était encore sauvage et Giono le savait bien. Saint-Exupéry le savait aussi, lorsqu'il écrivait *Vol de nuit* : l'immobilité dans l'œil du cyclone.

Enfin mon cousin Jacques – le fils de mon oncle Marcel – m'offrit un livre de Giraudoux. *Suzanne et le Pacifique* tombait bien. Les personnages de Giraudoux sont et agissent au ralenti, comme si les vivants descendaient des automates. On voit leurs mouvements, leurs caresses se faire, comme on voit pousser des fleurs au cinéma. Pour passer de l'immobile au naturel, c'était bien.

«Il était minuit. On entendait le bruit d'un feuillet qu'on tourne.» Je cite de mémoire. C'était encore une nouvelle façon de domestiquer le monde. Chaque jour, à minuit, un énorme agenda se fait tourner le feuillet par un Bon Dieu précis. D'où ce petit bruit, généralement couvert par les douze coups de minuit. Je suis resté fidèle à ce Giraudoux-là.

Sa préciosité lui permet de décrire exactement ce qui se passe dans le petit monde des habitudes. Exemple : nous avons à la campagne une horloge qui se trouve dans la même pièce que le poste de télévision. C'est une horloge à répétition, si bien qu'à vingt-deux heures, elle sonne deux fois dix coups. Or c'est souvent à vingt-deux heures, le dimanche, qu'un film commencé à vingt-heures trente se dénoue. Les deux fois dix coups de l'horloge couvrent les mots importants qui donnent la clé du film. Si bien, encore une fois, que depuis quarante ans, nous ne comprenons jamais le film du dimanche soir. Pas une seule fois, l'idée d'arrêter l'horloge ne nous est venue. Je ne dis pas : «C'est la faute à Giraudoux.» Giraudoux n'a pas connu la télévision, mais ce type de rivalité qui oppose l'heure qu'il est réellement à un temps fictif ne lui aurait probablement pas déplu.

Comme c'est difficile de retrouver le lecteur qu'on était. À tort, très probablement, je lisais Giraudoux comme s'il avait prêché une certaine révolution. Je ne sais pas laquelle. Il paraissait expliquer le monde à partir d'une petite cuillère ou de la ride qu'une jeune femme n'avait pas encore. Il était, pour moi, un grand critique. Critique de l'univers, des mythes, de la politesse, de la guerre. Il était un démolisseur courtois, un épouvantail élégant. Il paraissait tout savoir et, du coup, rendait le savoir dérisoire. Le savoir : pas la science. C'est, pour moi, le seul normalien qui ait enseigné l'ignorance. Je l'admirais franchement.

Maintenant que la France et l'Allemagne forment un couple idéal, envié par tous les couples français et par tous les couples allemands, nous pourrions relire ensemble *Siegfried et le Limousin.* Lorsque Giraudoux l'écrivit, en 1922, presque personne ne savait qu'Oradour-sur-Glane était un village du Limousin.

Certes, je n'étais pas obligé de parler du couple franco-allemand. Je pouvais m'en dispenser, oublier Siegfried et le Limousin. Mais si Giraudoux a choisi d'accoupler Siegfried et le Limousin, c'est qu'il est né à Bellac, Haute-Vienne. Le tragique de l'histoire a donné au titre de Giraudoux un sens pathétique qu'il n'avait pas.

J'étais encore tout occupé à lire Giraudoux quand ma seconde vie fut troublée par deux arrivants : l'enregistrement de *Pelléas et Mélisande*, que m'avait prêté mon cousin Jacques, et un livre de Karl Marx (quel titre ?) que m'avait confié Daniel, un jeune camarade. *Pelléas* m'apprit énormément. Bien des mots que je connaissais mais qui me paraissaient inutiles devenaient, par le chant, magnifiques et clairs. Je me souviens du mot : volontiers. Pour être franc, Marx, à côté de l'idée que je me faisais de Giraudoux, me parut un peu conservateur. À ceci près : je savais le rôle important que les écrits de Marx avaient eu en Russie, au mois d'octobre. Mais je savais aussi que le régime voulu par la Révolution de 17 n'était pas parfait. J'avais lu, là-dessus, un livre de Gide, qui en était revenu. L'idée que *Retour d'URSS* a été le premier livre de Gide que j'ai lu me fait rire tout seul. Le livre de Marx dont je n'ai aucun souvenir m'a fait lire, par la suite, beaucoup d'autres livres dont je n'ai aucun souvenir. Heureusement, il y eut *L'Espoir*. Malraux renouvelait en nous l'espérance révolutionnaire du Jacques des *Thibault* (Roger Martin du Gard).

Sans le vouloir, je me sens piégé par ce que j'écris. Certes, il est peut-être indécent, à propos de la guerre d'Espagne, de parler d'un personnage de roman. C'est mettre au même niveau la réalité et la fiction. Peut-être, mais lorsqu'on n'a pas vécu la réalité, la fiction nous aide. Le Jacques des *Thibault* était le seul révolutionnaire que je connaissais, le seul qui avait contesté la guerre de 14-18.

Nos parents ne nous parlaient pas souvent de cette guerre, mais, par recoupements, beaucoup d'adolescents finissaient par deviner que, si la guerre n'avait pas eu lieu, nous aurions eu d'autres parents. Peut-être même, idée troublante, ne serions-nous pas nés. Exemple : un tel, tombant sur une photographie cachée, découvre un homme jeune qu'il ne connaissait pas.

– Qui était-ce ?

De silences en réponses embarrassés, l'adolescent apprend par ruse que sa mère avait eu un fiancé tué en 1915. Alors que son père, en 1916, avait (seulement) <u>été</u> blessé. La guerre avait foudroyé des centaines de millions d'arbres généalogiques à peine plantés. Nous n'avions pas clairement ce sentiment, mais nous l'avions. Et lorsque j'entendais mon père dire: «Il n'y aura plus jamais de guerre», il me semblait qu'il parlait d'autre chose en même temps – quelque chose comme : «Désormais, les jeunes filles épouseront leurs fiancés.» J'ai ouvert cette parenthèse à propos de *L'Espoir* parce que le livre de Malraux m'avait fait croire que la guerre pouvait avoir un sens. Ce qui ne m'aidait pas à prévoir l'avenir immédiat.

Je suis allé passer le dernier mois de paix de l'année 1939 en Angleterre. Pour y apprendre l'anglais. Au collège de Westcliff-on-Sea, j'ai rencontré Étienne Lalou qui m'a fait lire Gide par le commencement – ou presque : par *Les Nourritures terrestres*. J'en ai appris par cœur des pages entières. Je me demande aujourd'hui pourquoi «Familles ! je vous hais !» me parut être un mot de passe, alors que je n'avais pas de mauvais rapports avec mes parents. Je n'avais jamais mangé de grenades et je n'avais aucune envie d'aller à Biskra. Mais il y avait, pour moi, dans ce texte, un énervement, une ferveur, une invitation au scandale qui devaient exaspérer des besoins cachés, moins excessifs et d'un autre ordre. J'ai lu *Les Nourritures terrestres* comme si le livre, en filigrane, apportait des femmes promises sur un plateau.

Je me disais que ce texte allait changer les rapports des uns avec les autres. Je le prenais pour un livre nouveau alors qu'il avait déjà la quarantaine. Je savais que Gide était vivant. J'étais content d'être son contemporain. Ce n'est pas l'œuvre d'un homme âgé que j'ai lu : c'était «son» livre, comme on dirait «sa» maison, «son» jardin, «ses» grenades. Je ne savais rien, n'ayant pas lu *Si le grain ne meurt*. Je ne savais pas qu'au moment où il écrivait *Les Nourritures terrestres*, Gide, à Sousse, avait aimé le petit Ali. Rétrospectivement, l'ignorer ne m'a pas manqué. Le savoir, aujourd'hui, m'intéresse – je suis heureux d'avoir lu *Si le grain ne meurt*. Quand le jeune Ali, parmi les dunes, invite Gide qui d'abord le refuse puis le prend, la phrase qui décrit cet instant est belle : «Son corps était peut-être brûlant, mais parut à mes mains aussi rafraîchissant que l'ombre.»

Ces mots me renvoient à une lettre de Robert Musil que je viens de lire : «*Je ne veux pas rendre* la pédérastie compréhensible. Il n'est peut-être pas d'anomalie dont je me sente plus éloigné, au moins sous sa forme actuelle.» (Cette dernière phrase est étrange, non?)

C'est une lettre que Musil écrit à propos de son roman *Les Désarrois de l'élève Törless*. Et il ajoute : «*Je ne veux pas faire comprendre, mais faire sentir.*»

Il me semble que dans *Les Nourritures terrestres*, Gide réussit à *faire sentir* toutes sortes de sexualités, charnelles ou botaniques. J'ai un regret concernant cette époque de la vie seconde : ne pas avoir lu en même temps *Les Nourritures terrestres* et *La Nausée*. Ç'aurait été épatant de lire ce Sartre et ce Gide en même temps. Simultanément, ces deux livres contraignent le jeune lecteur à choisir. L'un des deux bouquins doit rendre l'autre illisible. Question d'humeur. Je regrette de n'avoir pas vécu ça. Je n'ai pas lu *La Nausée* à ce moment-là : j'ai lu Rilke. Et, dans le même temps, M. Perret, notre professeur de philo, nous lisait superbement des textes de Péguy (*Victor-Marie, comte Hugo* et *À nos amis, à nos abonnés*). J'essaie – franchement – de décrire au plus près l'état de mes lectures.

Comment tout cela se mariait-il? Bien. Je ne me souviens d'aucune exclusion.

L'arrivée conjointe et cocasse des philosophes et des surréalistes allait tout balayer. Cocasse parce que les philosophes étaient morts depuis longtemps alors que les surréalistes étaient vivants. La plupart des grands, du fait de la guerre, étaient absents, mais des jeunes gens, secrètement, préparaient des revues nouvelles, *La Main à plume* par exemple. Quand je dis que les philosophes étaient morts, c'est une façon de mal parler. Sartre n'avait pas encore publié *L'Être et le Néant*, mais nous connaissions tous son *Esquisse d'une théorie des émotions*. Et Bachelard était là. Parmi les morts – je n'en citerai que deux –, Spinoza et Hegel étaient les plus vigoureux. J'ai fait pour les comprendre beaucoup d'efforts. Je ne suis pas sûr de les avoir bien lus, mais j'étais enivré. Cette ivresse ressemblait à la sensation que l'on éprouve lorsqu'on entre dans une cathédrale dont les architectures sont si entraînantes qu'on se demande où elle va.

Quant à la difficulté de comprendre, je me servirai d'une expression de Matisse pour la décrire. Évoquant l'attention et le plaisir qu'il avait à regarder les pastels si vivants de Quentin de La Tour, Matisse écrit :

« Ils m'impressionnaient au point d'en avoir moi-même les muscles du rire fatigués. » Certes, ce n'étaient pas les muscles du rire que Spinoza ou Hegel fatiguaient, mais *c'étaient des muscles*. Par quel mot faut-il remplacer « rire » ? Je vais chercher.

Bref, tout ce qui n'était pas métaphysique était à rejeter. Hors la poésie qui paraissait, depuis Novalis, être la sœur de la philosophie. Quant au romanesque, rien n'était pire. L'insolence des surréalistes était contagieuse et tentante. Rien ne nuançait mon enthousiasme. Un roman de Queneau – *Odile* – aurait pu me rendre un peu critique, mais l'idée de le lire ne m'était pas venue.

Exclure le roman, c'était oublier tout le monde, de Flaubert à Proust, de Custine à Tchekhov. C'était beaucoup. Une admiration nouvelle – pour Trotski – complète la rigidité du lecteur. C'est dans cet état que Françoise me trouva. Elle avait déjà lu Proust, et les Anglais et les Américains. Quand, trois ans plus tard, nous nous sommes mariés, je n'avais pas encore lu une ligne de *La Recher-che*. Heureusement, Françoise a insisté. Mais j'étais bloqué. Je ne lisais que Michaux – je n'écrivais que sur Michaux. Ce qui agaçait d'ailleurs Michaux, qui ne m'avait rien demandé... «Craignez, m'a-t-il écrit, les explications obscurcissantes.» Michaux avait raison: je me suis mis à lire Proust.

Si vous vous amusez, lecteur attentif, à relever les noms des écrivains que je n'ai pas cités, votre main doit être fatiguée. À vrai dire, je n'ai pas cherché à nommer pour le plaisir des noms prestigieux. Il m'est arrivé une fois d'avoir une conversation faite uniquement de noms célèbres. C'était à Leningrad en 1957, nous faisions partie du premier voyage touristique organisé par les Soviétiques après la mort de Staline. Une croisière. Le bateau polonais s'appelait le *Batory*. À Leningrad, une foule de Russes parlant un français impeccable nous attendait. C'était vraiment très émouvant. Derrière cette foule francophone, il y avait une arrière-garde sympathique : des Russes qui voulaient témoigner de leur admiration pour la littérature française, mais sans pouvoir l'exprimer tout à fait. Ils nous tapaient sur l'épaule en disant : «La Fontaine !»

Nous répondions : «Oui, La Fontaine.»

Alors ils nous tapaient sur l'épaule en nous disant : «Victor Hugo !»

Nous répondions : «Oui, Victor Hugo.» Etc.

À Leningrad, cette conversation était un vrai plaisir.

En fait, mon ambition, très limitée, consiste à me demander comment des écrivains sont entrés dans ma «seconde vie». Il y a, hélas pour moi, bien des écrivains que j'ai laissés dehors.

Pour Rabelais, je sais. C'était en Angleterre, à Westcliff-on-Sea. Mon voisin de dortoir, un Anglais, lisait à haute voix, chaque soir, une page de Rabelais en français. Il s'étouffait de rire. C'était gai de l'écouter – mais le texte n'était qu'une compote de rires. Je lui demandais de me prêter son livre. Il refusait, le cachant sous son oreiller.

L'oreiller, comme cachette, me fait penser au revolver. Alors que nous nous moquons des Américains parce qu'ils ne veulent pas priver d'armes leurs enfants, nous, nous appelons depuis des générations «poche-revolver» une poche du pantalon dans laquelle aucun revolver ne saurait tenir. Serait-ce une façon de se vanter? Mais je ne veux pas mentir : ce n'est pas mon voisin anglais qui m'a fait lire Rabelais. À vrai dire, personne ne m'a fait lire Rabelais. Je le connais mal. Je ne ris pas au bon moment. Naturellement, il m'est pénible de faire cet aveu : en m'embarquant dans cette histoire de revolver, j'ai dû vouloir l'esquiver, cet aveu. Rabelais, pourtant, ne manque pas d'intercesseurs. Parmi eux, Claude Gaignebet, que vous ne connaissez peut-être pas. Claude a publié, il y a vingt ans, un livre intitulé *Le Folklore obscène des enfants*. C'est un pur folkloriste. Il a fait un livre superbe sur la religion populaire. Il n'est pas facile à interviewer : il croit volontiers que tout le monde pense comme lui. Or il pense que le Saint-Esprit et le pet sont une seule et même chose. D'où la nécessité de prendre des précautions. Mais il faut l'entendre parler des «paroles gelées». Allons, mettons-nous à Rabelais dès ce soir.

Nous sommes à l'automne 1945. La paix vient d'être signée. Parmi les désastres de la guerre, ceux qui sont restés cachés vont mettre un certain temps à paraître. Les premiers déportés revenus font trembler. Vingt ans plus tard, pour «Cinq colonnes», nous chercherons des témoignages sur le retour à la vie active de ceux qui avaient survécu.

Je suis allé voir quelqu'un à Aubervilliers. Un type très grand, parlant bas et peu. Jack Ralite, déjà adjoint au maire, l'avait convaincu de se laisser filmer, car cet homme n'ouvrait à personne. Il avait supprimé la sonnette de son appartement. Nous sommes entrés chez lui sans faire de bruit : il invitait au silence. Dans la salle de séjour, il y avait un buffet en bois clair, orné d'un bronze : un marin très grand, très fort, halant seul un bateau.

Après son retour des camps, notre hôte était resté longtemps sans force. Il avait du mal à se tenir debout; il ne pouvait pas travailler. Heureusement un sculpteur, qui l'avait connu gosse, n'habitait pas loin. Il lui demanda de poser pour lui.

— C'est vous le haleur?

— Oui.

La faiblesse avait posé pour la force. Je n'oublierai jamais ce bronze si fièrement regardé par son modèle.

Au contact d'une question et d'une caméra, il y a des moments où des objets – ici, un bronze – deviennent révélateurs d'un tissu d'Histoire. Nous avons tous vécu des moments semblables. J'écris au pluriel, disait Madame de Sévigné. Elle avait raison, nous ne sommes jamais seuls. Un peu plus tard, en Lozère, dans un village, nous filmions le monument aux morts de la guerre de 14-18. Nous filmions, de haut en bas, tous les noms. Un vieillard nous regardait faire. Le plan tourné, il nous dit : « Il en manque un. » Nous avons fini par savoir que c'était le nom d'un enfant naturel, tué en 1915. Son nom figurait sur le registre de la mairie, mais pas sur le monument. Le monument était réservé aux enfants légitimes.

Remarque : si je ne m'étais pas aperçu qu'il y avait une sculpture sur le buffet, si Hervé Baslé n'avait pas filmé, un par un, les noms gravés sur le monument, il ne se serait rien passé. Dans le premier cas, j'aurais appris que notre témoin avait posé pour un sculpteur, sans plus. Dans le deuxième cas : si nous n'avions pas filmé le monument, comme si nous cherchions un nom, l'ancien combattant ne nous aurait probablement rien dit.

Le hasard est grand, mais il faut toujours se demander, face à n'importe quelle situation, comment essayer de l'inviter.

Je viens de relire les dix lignes qui précèdent : je ne suis pas content. Parce que vous ne pouvez pas comprendre pourquoi mon ami Baslé, réalisateur, s'amusait à tourner un par un les noms gravés sur le monument. Ce n'était pas du tout un caprice. À côté du monument, mais invisible à la caméra, se trouvait un jeune historien, Pierre Lamaison, qui avait fait une thèse sur ce village, dont les archives avaient été préservées. Moi, mon rôle était simple : je lisais chaque nom gravé. Et Lamaison me disait l'année d'arrivée de ce nom dans les archives de la paroisse : 1630, 1650, 1670… C'est parce qu'il assistait à cette scène – et parce qu'il apprenait l'ancienneté des familles – que notre ancien combattant a dû oser dire : « Il en manque un. » Peut-être ce nom qui manquait lui était-il cher.

La Maison des lettres, pendant l'Occupation, était une vraie maison. On s'y réfugiait, on y trouvait des amis, du quasi-chocolat, des faux papiers en cas d'urgence. Le patron de la maison s'appelait Pierre-Aimé Touchard, qui allait devenir, après la Libération, l'administrateur de la Comédie française. Un jour d'immédiat après-guerre (fin 45), Touchard, que nous appelions Pat, me demande d'aller recevoir une délégation d'étudiants marocains à l'abbaye de Royaumont. Cette délégation était attendue par un poète important : Jean Lescure. Les Marocains ne sont pas venus. J'ai donc eu la chance – moi, vingt-deux ans – de passer la soirée avec Lescure qui était alors directeur du service littéraire et dramatique de la Radiodiffusion française. Nous avons parlé de Descartes en mangeant des carottes. Trois jours plus tard, Lescure me présenta sans malice à Desgraupes qui venait d'arriver. Nous fîmes aussitôt, et avec le plaisir d'une amitié nouvelle, notre premier magazine littéraire radiophonique. Dans le bureau d'à côté, il y avait Jean Tardieu. Queneau passait souvent.

Mon premier interviewé m'a beaucoup impressionné. Avez-vous lu les *Mémoires improvisés* de Paul Claudel ? C'est le script des entretiens que Jean Amrouche, fondateur de la revue *L'Arche*, fit avec Paul Claudel, pour cette même radio. Les questions posées par Amrouche sont exemplaires d'intelligence et de connaissance de l'œuvre. Amrouche parlait sans sourire. Ou plutôt : son sourire enveloppait ce qu'il disait – et cessait à chaque silence. Réellement : Amrouche n'était pas commode. Claudel était plus accueillant.

Il me semble qu'à ce moment-là, juste après la guerre, se mit en place une sorte de nouveau ciel que l'on regardait en baissant la tête. Il était composé d'étoiles ou d'astres qui avaient entre eux une parenté d'un type nouveau. Il y avait d'abord Franz Kafka, que les occupants avaient essayé d'étouffer et dont, maintenant, on espérait, presque chaque jour, un nouveau fragment. Nous lisions Kafka comme on lit, après coup, un prophète. *L'Étranger* de Camus et *La Nausée* de Sartre nous avaient déjà dit que l'Homme n'était plus tout à fait ce qu'il avait été, mais les premier livres qui nous révélèrent l'horreur structurée des camps de concentration nous ont terrifiés.

Je me demande ce que nous avons fait alors, dans nos têtes, de ces deux lectures : la lecture

47

de Kafka et la lecture des témoignages sur les camps. À cette époque – et pour ceux d'entre nous qui n'avaient pas connu l'horreur – les deux lectures s'épaulaient. Aujourd'hui : je ne suis pas de cet avis. Je crois que nous nous sommes servis de Kafka pour avoir moins peur. L'humiliation, chez Kafka, est un paysage. Dans *La Métamorphose*, Grégoire est gêné par cette pomme que sa sœur lui a plantée dans le corps. Gêné, oui, sans plus. Cette pomme ne le fait pas souffrir. Certes, il est malheureux d'avoir été changé en cancrelat – mais malheureux sans plus. Supposez qu'on vous enfonce vraiment une pomme dans le ventre. Imaginez cela, s'il vous plaît. Bon. Ce que nous apprenaient les livres sur les camps, c'était l'horreur. L'horreur sans perspective, subie à l'intérieur, dans « l'espace du dedans ». Les tortionnaires, chez Kafka, torturent en se justifiant. Rien de tel n'avait été.

Mais l'horreur étant insupportable, nous avons décrété, chacun pour soi, que Kafka avait prévu le pire. Ce qui était consolant.

Et, en même temps : pas consolant. Hitler était mort, mais les prophéties de Kafka restaient vives. L'URSS s'en occupait. Nous n'étions pas prêts à le reconnaître. Jeunes gens de mon âge, rappelez-vous Suzanne Labin ! Je remercie le hasard de ne pas avoir oublié son nom. Elle avait raison, mais elle n'était pas «crédible». Elle décrivait, dans ses petits livres, les horreurs des camps soviétiques. Elle était socialiste, elle avait un grand chapeau. Nous la recevions à peine dans nos bureaux. Après l'avoir écoutée, nous disions seulement : elle a toujours le même chapeau. Politiquement, nous étions bêtes.

Au même moment, en gros le «même moment» désigne les années 45-46, quelque chose d'important s'est passé rue Berryer. Il y eut une exposition d'humoristes américains : Steinberg, Peter Arno, Virgil Patch, Thurber, Taylor, et d'autres. Rien ne pouvait être plus nouveau. Tous leurs dessins étaient merveilleusement absurdes, mais d'une absurdité qui ne se prenait pas au sérieux. En plein existentialisme, un dessin (un *cartoon*) anglais signé Pont représentait deux petits enfants jouant aux cubes. L'un des deux gosses disait :

«Il y a des moments, tu vois, je me demande si ça vaut la peine de continuer…»

Comme la plupart des Français malins croyaient, eux, avoir renouvelé l'absurde, l'expo américaine de la rue Berryer n'eut aucun succès : elle était vexante. Cela faisait plusieurs années qu'au *New Yorker* et ailleurs l'absurde était domestiqué. Je ne crois pas qu'il soit possible, avec des mots, d'imiter un dessin. Je voudrais juste en «résumer» deux ou trois pour mémoire. Deux ou trois que vous avez « sûrement » vus.

Un dessin de Virgil Patch. Un homme dans sa baignoire prenait son bain. Soudain, une vague déferle sur lui et l'effraye.

Un autre. Un skieur a laissé des traces de son passage. C'est banal, mais ces traces sont absurdes. Jusqu'à l'arbre que nous voyons là-bas, les traces sont parallèles. Arrivé à droite, le ski de droite passe à droite de l'arbre, le ski de gauche passe à gauche de l'arbre. Ensuite, les traces redeviennent parallèles. Si le skieur n'est pas mort, c'est qu'il n'avait pas de corps.

Rappelez-vous ce *cartoon* de Thurber. Deux types se battent au sabre. L'un, d'un coup, tranche la tête de l'autre. La tête s'envole et l'arbitre dit : «Touché.»

Si vous n'avez vu aucun de ces dessins, vous ne pouvez pas les imaginer et, donc, je vous ennuie. Cessons. Il y a, tout de même, encore un dessin dont je voudrais dire quelque chose. Le dessin est mauvais, mais l'histoire est capitale. Deux bagnards dans la même cellule. L'un est assis. L'autre est agité, debout. Celui qui est debout et agité dit à l'autre :

« Écoute, Ferguson, cesse de répéter tout le temps que tu es aussi embêté que moi. »

Pendant un peu plus d'une vingtaine d'années, quand nous nous trouvions, Desgraupes et moi, dans une situation incommode, l'un de nous deux finissait par dire : « Écoute, Ferguson… », et le sourire reprenait ses droits.

Je n'ai « résumé » aucun dessin de Steinberg. J'ai trop d'admiration pour sa « ligne ». La première fois que je l'ai rencontré, c'était à l'hôtel Crillon, dans les années cinquante. Son appartement donnait sur l'obélisque. Il y avait une malle ouverte au milieu du salon. Steinberg sortait de la malle des portraits de généraux ornés de vraies croix, bien pesantes. Il venait de publier un album sur New York et ses voitures (1948), qui avaient l'air d'être gonflées. Il s'excusait : «Se moquer des Américains, c'est comme voler des bonbons aux enfants.»

Presque tous ces dessinateurs – ces *cartoonists* – avaient un point commun : ils venaient d'Europe, de Roumanie, de Hongrie. Leur judéité les apparentait à Kafka et à l'horreur des camps. Pour nous, qui les découvrions, ils formaient un groupe n'ayant aucun rapport avec les «vieux» Américains que nous aimions – Hemingway, Faulkner, Steinbeck, Caldwell – et qui, la paix étant revenue, se trouvaient à nouveau en vente. Hemingway était peut-être le plus proche des *cartoonists*. Je me souviens de l'une des nouvelles des *Aventures de Nick Adams*. Nick – Hemingway enfant – tire sur un cerf. On l'interroge : Je n'ai pas voulu le tuer. Quand je l'ai vu bondir, j'ai voulu «l'arrêter». L'idée d'arrêter un cerf en plein vol appartient à l'absurde, au plus tendre des absurdes. Voyez comme la mémoire est trompeuse. Je viens de vérifier : *Nick Adams* a été traduit en 1977, trente ans après les années dont j'essaie de parler. Je l'ai donc lu en 1977 seulement, mais quand je pense à l'Hemingway de 1947, j'y inclus *Nick*

Adams... Difficile de filtrer la mémoire. (Si, après avoir relu ce paragraphe, je ne le rature pas, c'est que, en 1947, cette nouvelle de *Nick Adams* était écrite depuis longtemps.)

En fait, l'Américain le plus proche de ces *cartoonists* était, sans aucun doute, le Melville de *Bartleby l'écrivain*. L'arrivée de Bartleby dans le cercle de nos lectures a été aussi joyeuse qu'un retour d'enfant prodigue. La Résistance dont Bartleby donne l'exemple était irrésistible. Nous venions de connaître l'ordre allemand, placardé sur les murs. À ce type d'ordre, il n'était pas question de se dérober en parlant. Or, que fait Bartleby, qui a été engagé comme «écrivain», quand son patron lui donne à copier un texte?

Bartleby répond: «J'aimerais mieux pas» (dans la traduction de Michèle Causse), ou: «Je préférerais ne pas le faire.»

Le patron de Bartleby est décontenancé: que vient faire la préférence ici?

Que cette préférence insolite concerne l'acte de copier n'est pas indifférent. Rappelez-vous *Bouvard et Pécuchet*. Ils se mettent à copier par désespoir: comme savoir est impossible, autant copier. Copier est un acte simple – sauf en peinture. On ne peut pas dire : je ne sais pas copier ce texte. Substituer au «je ne sais pas» le «j'aimerais mieux pas» est imparable et nous ramène à l'humour de nos *cartoonists*. Cet humour est fait d'un très léger refus du réel qui est une préférence pour un réel différent. Peut-être avions-nous, pour ces dessins, un rire «différent». Oui, différent. Car ce qui nous avait fait rire, pendant l'Occupation, c'étaient les poèmes de Prévert. La plupart d'entre eux étaient inédits. On ne les trouvait pas en librairie. On se les prêtait. On les copiait et, par peur de les perdre, on les apprenait par cœur :

> «Ceux qui pieusement,
> Ceux qui copieusement...»

Nous adorions Prévert. Publiés, la paix venue, sous le titre *Paroles*, les poèmes de Prévert connaissent la gloire.

Mais, justement, nos dessinateurs américains se passaient de la parole. Ils lui tournaient le dos. La plupart de leurs dessins étaient «sans légende». C'était, pour nous, paradoxal : ces Américains, vivant dans un pays libre, avaient supprimé l'usage des mots.

Comme s'ils se préparaient à la guerre froide, au maccarthysme, à la chasse aux sorcières. Leurs dessins avaient des allures de graffitis.

Le magazine littéraire radiophonique que nous faisions avec plaisir, Desgraupes et moi, n'a pas duré cent sept ans. Jean Lescure parti, quelqu'un l'a remplacé qui, par chance, était un ami. Cet ami arrivait avec son équipe. Désolé de nous trouver là, il nous mit dehors. Heureusement, Desgraupes connaissait, au «Journal parlé», quelques responsables. Le «Journal parlé» était alors une forteresse comparable aux «Journaux télévisés» d'aujourd' hui. Desgraupes ouvrit la porte de la forteresse et me laissa passer. Je m'y suis bien amusé. Desgraupes, lui, y a bien travaillé. Il a, très vite, trouvé le modèle des grands journaux audiovisuels, modèle qui repose sur un réseau de correspondants déposant, en direct, leurs témoignages. À cette époque, seule la presse écrite avait des correspondants dans le monde entier. Desgraupes a su choisir les meilleurs et « Paris vous parle », qu'il dirigeait, devint le modèle fondateur des journaux radiophoniques ou télévisés.

Mon domaine était tout autre. « Mon » domaine était, en réalité, celui des rubricards. Chacun venait avec son plat : livre du jour, film du jour, théâtre du soir, couturier du jour, concert du soir, matinée poétique, etc. Mon patron direct – Jean Calvel, rédacteur en chef du matin – me confia assez vite la présentation de ce saladier. Jean Calvel, très sympathique, adorait les calembours énormes. Souvent, il assistait à l'émission, guettant le moment d'intervenir. Je me souviens d'un « Theramène-ta-fraise » qui surprit une célèbre tragédienne venue développer sa conception de Phèdre. Les calembours de Calvel étaient si déracinants, qu'ils mettaient fin à toute conversation. Un jour qu'il se faisait traiter de renégat par Francis Crémieux – une grande voix communiste –, Calvel, blanc de rage, lui répondit après réflexion : « Renégat peut-être, mais renégat de Montélimar. »

Ce sont là des mots inoubliables. Mais pourquoi, dites-vous, se souvenir de telles bêtises ?

Mon cas est grave : non seulement je m'en souviens, mais je suis content de m'en souvenir. Je ne sais pas pourquoi. Peut-être est-ce la solennité du mot renégat accouplé au brave nougat ? Je ne sais. Certes, les gens de cette époque devaient ressembler aux gens d'aujourd'hui, mais ils n'étaient pas tout à fait les mêmes. Exemple : Vidal et Pizella. Pizella, d'une voix très présente mais venue d'ailleurs, écrivait des reportages fantastiques. Vidal, lui, était un fou d'aviation. Il avait cassé sous lui beaucoup de petits avions. Son visage portait de glorieuses cicatrices. Un jour Pizella dit à Vidal, cherchant à s'informer :

– Suppose un avion qui tombe...

– Pourquoi il tomberait ?

Vidal n'a pas voulu « supposer » qu'un avion puisse tomber.

La plus expérimentée d'entre nous était Lise Élina. Toute jeune, avant la guerre, elle avait fait ses débuts dans une saga quotidienne,

La Famille Duraton. *La Famille Duraton* était une improvisation et un grand succès. Certes, la guerre nous avait privés de *La Famille Duraton*. Et Lise Élina faisait semblant d'avoir le trac, lorsqu'elle s'approchait d'un micro. L'un d'entre nous voulut lui faire une farce – qui se termina à nos dépens. Voici dans quelles circonstances.

Nous occupions le studio 48 de midi trente à treize heures. L'émission était naturellement faite en direct. Dans ce même studio 48, de midi à midi trente, une émission en langue arabe avait lieu, tous les jours. Sur la table du studio traînaient donc des communiqués rédigés en arabe. Le farceur en prit un, me le tendit en me disant tout bas : « Quand ce sera le tour de Lise, demande-lui de lire ça. » Ce que je fis. Lise regarda le papier et me dit : « Comment sais-tu que je connais la sténo ? »

Encore aujourd'hui cette histoire m'intrigue. Quelle que soit l'explication, Lise Élina avait gagné. Un peu plus tard, quand elle a mis en vente sa quatre-chevaux, elle a insisté sur un point : « Marche arrière neuve », disait l'étiquette. Lise ne mentait jamais.

Toujours à la même époque (46), au départ de Lescure, Jean Tardieu fut chargé de réaliser une bonne idée : l'idée d'un «Club d'essai». Nous avons beaucoup «essayé». Notre générique paraissait baroque : «Une émission de Roland Dubillard et Pierre Dumayet, réalisée par François Billetdoux.» C'étaient nos noms, mais le rapprochement leur donnait une allure de pseudonymes.

Avec l'homme du son, nous grossissions des bourdonnements de mouches (dix fois, trente fois). Avec Weingarten, l'auteur d'*Akara*, Dubillard et Francis Ponge, nous avons «essayé» d'improviser un dictionnaire poétique. Un jour que nous traitions du soleil, Weingarten s'est emporté : «Je n'admets pas qu'on parle du soleil de cette façon.»

Et il est parti.

Avec André Frédérique et Jacques Besse – ou Gérard Calvi –, nous avons fait des opéras très courts (Jacques Besse venait d'écrire la musique du *Van Gogh* d'Alain Resnais). Côté chant, Cora Vaucaire était là, l'admirable. Un garçon épatant, Jacques Floran, mettait de l'amitié entre nous. Jacques voulait accroître notre (petite) audience. Il inventa «La Foire

Saint-Germain», pour que nous fissions en public ce que, d'habitude, nous faisions en studio.

Tout cela était contemporain des calembours de Calvel : Calvel, le matin; Tardieu, l'après-midi.

Quelque chose m'empêche d'avancer : je m'aperçois que je prenais au sérieux des intentions contradictoires. Il y avait – dans le saladier qu'était ma tête – la certitude que le surréalisme n'était pas mort, ne mourrait pas ; la certitude que Mme Labin exagérait, que l'échec de l'URSS ne pouvait pas être aussi tragique ; la certitude que Freud avait raison – mais nous approuvions les critiques que Georges Politzer lui faisait à propos de son « chosisme ». (Par chosisme, on entendait cette manie de parler de l'inconscient comme s'il était une boîte, avec son dedans et son couvercle – et son papier de soi(e).) Nous savions qu'en Russie le freudisme et le surréalisme n'étaient pas en odeur de sainteté. Mais la sainteté n'ayant pas d'odeur, nous pensions penser ce que nous voulions. (Si nous avions cru ceux qui dénonçaient le terrorisme de Staline, nous n'eussions pas pu penser tranquillement à autre chose. À la peinture, par exemple.) Alors que nos amis communistes pouvaient apprécier Picasso et Fougeron, nous aimions, nous, qui nous voulions. Picasso sans Fougeron, Matisse sans Marchand. Et Brauner. Et Miro. Et Soulages. Et Zao Wouki. Les premières gravures de Wouki, nous les avons vues à la Hune. Et Hartung. Je ne connaissais pas encore Pierre Alechinsky et pourtant, par *La Main à plume*, j'aurais pu le connaître. Par Dotremont. Mais je n'ai jamais vu Dotremont. C'est un regret. Dotremont était un poète et un peintre. Il dessinait, peignait ses mots. Quand il n'en avait plus, il en faisait des neufs (« Groin des yeux, groin du cœur »). Alechinsky et Dotremont ont travaillé ensemble. Je crois que rien n'a consolé Pierre Alechinsky de la mort de Dotremont, en 79.

Quand je regarde la couverture du n° 50 de la revue *Fontaine* (1946) que dirigeait Max-Pol Fouchet, je suis saisi par un regret semblable. Max-Pol m'avait demandé d'écrire un article sur Michaux. J'ai donc mon nom sur la couverture, en bas; mais le premier nom, en haut, sur la couverture, est celui de Reverdy – que je n'ai jamais osé rencontrer. Il y avait des timidités enrageantes qui étaient compensées par des ignorances normales. Par exemple : j'aimais beaucoup Queneau, mais sans chercher à le placer sur la carte de la littérature. Je ne connaissais pas ou je ne voulais pas connaître la liaison de Queneau avec le surréalisme. Je ne savais pas ou je ne voulais pas savoir que la rupture de cette liaison avait été bruyante. Je n'avais pas lu *Odile* où Queneau se moque des surréalistes : on les voit interroger Lénine à l'aide d'une table tournante. «Que faire?» Ignorance volontaire de ma part : l'histoire littéraire ne m'intéressait pas. *Tout ça s'était passé avant la guerre.* Ce qui restait vivant, c'étaient *les textes*, et le mouvement qu'ils gardaient en eux, intact. Les textes et les peintures. Et les sculptures – de Arp, Giacometti.

Je veux dire que la guerre, me semble-t-il, avait démodé les querelles, les insultes, les exclusions, la vie de palier du surréalisme. Et ses interdictions. L'interdiction, pour une marquise, de sortir à cinq heures. L'interdiction d'écrire des romans. Cette dernière eut de bons effets : elle a créé le besoin de se donner des contraintes. Chez Queneau, les contraintes sont géographiques ou historiques. Dans *Pierrot mon ami* (1942), il y a un lieu, peu connu, Palinsac, où tous les personnages finissent par se retrouver. Dans *Le Dimanche de la vie*, la contrainte est liée à Hegel, donc à Iéna : le soldat Bru se rend à Iéna, en pèlerinage, et, revenant à Paris, s'arrête rue de la Brèche-aux-Loups, rue qu'emprunta Napoléon, dit-on, retour de Marengo…

Il y avait aussi, dans l'air et en même temps, une vieille amitié pour l'écriture automatique et un culte (bon enfant) pour l'idée fixe.

Je me souviens avoir lu *Un rude hiver*, ces années-là. Ce roman de Queneau (1939) se passe pendant la guerre de 1914. M. Lehameau s'achète des journaux suisses pour y lire les communiqués allemands. M. Lehameau, espion virtuel, annonce les «collaborateurs récents». C'était étrange de lire *Un rude hiver* ces années-là. Cette lecture a renforcé une

«croyance» – discutable – que j'avais déjà :
tous les textes peuvent se lire comme s'ils
étaient nos contemporains. Ou comme si
nous étions les leurs. C'était un refus de
«l'admiration historique», mais c'était surtout l'affirmation – discutable – qu'il n'y avait
pas, à proprement parler, d'histoire littéraire.
Cela ne voulait pas dire que Villon ou Saint-
Simon avaient écrit dans *les mêmes conditions*
que Valéry ou Breton. Cela voulait dire que
l'histoire littéraire était justement l'histoire de
ces conditions, qu'il fallait la connaître et ne
pas la prendre pour l'essentiel. L'essentiel
étant le texte, la langue vivante du passé ou du
présent. Cela ne voulait pas dire que le matérialisme historique était «dépassé» : le matérialisme historique pouvait, comme n'importe
quel autre texte, rester dans son coin en attendant qu'on vienne le lire à nouveau. (Recon-
naissons qu'en 1947 les *Exercices de style* nous
faisaient oublier ledit matérialisme.)

Raymond Queneau a tenu à jour son carnet
de lectures pendant soixante ans. Chaque livre
lu était mentionné dans un carnet d'écolier à
sa date. Je regrette de ne pas avoir pris cette

précaution. Précaution que toute personne prudente devrait prendre. Supposez qu'un matin vous vienne l'horreur d'un jour de la semaine. Cela peut arriver : Flaubert détestait le mardi. En consultant votre carnet de lectures vous retrouveriez tous les livres lus un mardi. Vous pourriez alors décider de les relire un mercredi ou un jeudi, pour voir si votre lecture n'a pas été gâtée par un mauvais jour.

Quand un bonhomme écrit un livre, il aimerait bien savoir l'âge de son lecteur. Non par curiosité, mais pour combler la différence. Ainsi, en 1949, il s'est passé quelque chose d'agréable qui est devenu, avec le temps, difficile à raconter. Essayons.

Presque tout le monde sait qu'il y a boulevard Saint-Germain une brasserie célèbre nommée Lipp. En ce temps-là, les propriétaires de Lipp étaient M. et Mme Marcelin Cazes. Vingt ans plus tôt, M. Cazes avait eu l'idée de fonder un prix littéraire qu'on appela le «Prix Cazes». Il était donc normal, en 1949, de fêter le vingtième anniversaire de ce prix non conformiste qui, souvent, couronna de bons livres. M. et Mme Cazes étant de l'Aveyron, l'idée leur vint de faire visiter le pays aux membres du jury et à une vingtaine de jeunes journalistes. La tournée dura une semaine. À six heures du matin, le car plein partit. Premier arrêt : Pouilly-sur-Loire : c'est l'idée du vin blanc qui avait dicté l'itinéraire. Le doyen du jury était le poète André Salmon, dont Picasso fit, en 1907, plusieurs portraits auxquels l'André Salmon de 1949 ressemblait étonnamment. Picasso, en 1907, avait deviné ce que deviendrait le visage de Salmon, une quarantaine d'années plus tard. Je dois avouer qu'en 49 je ne connaissais pas ces portraits; mais quand je les ai découverts, en 90, au musée Picasso, j'ai pu constater que mon souvenir de Salmon était vivifié par la peinture.

Deux autres membres du jury – bien plus jeunes qu'André Salmon –, Jean Follain et Maurice Fombeure, étaient assis dans ce car qui allait vers l'Aveyron. Aujourd'hui, ces deux poètes sont (peut-être) moins lus qu'hier. Qu'importe : ils le seront à nouveau demain par des gens jeunes qui voudront savoir ce qui se passait du côté de la poésie dans les années quarante-cinquante. Bien sûr, dans ces années-là, il y avait Prévert; mais

Prévert connaissait Fombeure et Follain. Il ne faut pas se contenter de citer les têtes d'affiche. D'ailleurs, Prévert n'était pas une tête d'affiche. Il l'est devenu sans l'avoir voulu, comme il arrive d'être élu sans s'être présenté. Le succès de Prévert n'enlève rien à Follain. Rien à Fombeure.

Un peu plus tard, au son des tambours qui nous accueillent, nous devinons que nous sommes arrivés à Laguiole, le pays natal. André Salmon fit un discours si brillant que M. Cazes, tout ému, trouva une seule phrase pour lui répondre : « L'Aveyron, y en a qu'une. »

La même année, au mois d'octobre, il y eut chez Drouin, place Vendôme, entre le Ritz et Cartier, une éblouissante exposition d'art brut, organisée par Jean Dubuffet et Michel Tapié. Le titre de l'exposition était : « L'art brut préféré aux arts culturels ». L'exposition, éclairée par un texte de Jean Dubuffet, était un manifeste.

« C'est en juillet 1945, écrivait Dubuffet, que nous avons entrepris (...) des recherches méthodiques sur les productions relevant de

69

ce que nous avons dès cette époque dénommé l'art brut. »

Autrement dit : des hommes et des femmes avaient fait, « produit » de l'art brut sans le savoir, sans le vouloir. Dubuffet se présentait comme un ethnologue de la peinture. À propos de ces « productions » – le mot « œuvre » était évité –, Dubuffet précisait :

« Nous entendons par là des ouvrages exécutés par des personnes indemnes de culture artistique (...). De l'art donc où se manifeste la seule fonction de l'invention, et non celles constantes dans l'art culturel, du caméléon et du singe. »

Il me semble que j'ai ressenti ce discours quasi religieusement. Je vais essayer de m'expliquer. Il y avait du religieux dans le surréalisme. Or la parole de Dubuffet préférant les personnes indemnes de culture artistique ressemblait un peu, pour moi, à la parole de Luther : il invitait à plus de rigueur.

« L'art n'est passionnant – à mes yeux du moins – que pour autant qu'il livre, d'une manière très véridique et immédiate (...) les mouvements d'humeur de l'auteur », a écrit ailleurs Dubuffet. Il y aurait art dès qu'il y a «extériorisation des mouvements d'humeur les plus intimes (...). Et comme ces mouvements internes, nous les avons tous aussi en nous-mêmes, alors c'est pour nous très émouvant de nous trouver face à face avec leur projection.»

Il y avait dans ce discours une promesse de vraie communication et, en même temps, la certitude que «tous les hommes sont pratiquement très semblables».

Je crois que je suis resté sensible à la parole de Dubuffet. Bien des émotions seraient inexplicables s'il avait eu complètement tort. (Naturellement, j'ai laissé tomber, sans les ramasser, les insultes adressées au «mimétisme culturel». Les métaphores fraîchement repassées finissent par s'émousser et rien n'est pire qu'une paire de ciseaux refusant de couper une ficelle.) Ces petites ruminations sur l'art brut me font penser à la superbe exposition de portraits que Dubuffet fit en 47 de ses contemporains principaux : Michaux, Ponge, Paulhan, Supervielle... C'étaient – chez Drouin déjà – des portraits très ressemblants, malgré le mauvais traitement que

Dubuffet avait heureusement infligé à la figure de ses amis. L'extraordinaire était que les portraits se ressemblaient entre eux. Le portrait de Michaux ressemblait à Michaux d'abord, mais aussi à Paulhan. Et à Dubuffet! Faut-il rappeler la certitude que «tous les hommes sont pratiquement semblables»? La série des portraits était intitulée : «Plus beaux qu'ils croient».

Je suis resté sensible à la parole de Dubuffet, mais je ne suis pas sensible à l'entièreté de sa parole. Si je prends son *Prospectus aux amateurs de tout genre,* je lis, en souriant, des phrases comme celle-ci : «Autrefois on faisait des peintures qui étaient amusantes, populaires, pleines d'invention (...) mais il est arrivé, et c'est bien dommage, depuis quelques siècles, que cela s'est gâté.» Les peintures «*sont devenues de plus en plus ennuyeuses*».

Dubuffet écrit cela en 1946 alors que Matisse, Picasso, Derain, Braque, Miro, Brauner, Masson sont encore vivants.

Qui sont les peintres ennuyeux?

Ceux que je viens de citer?

Non : les autres.

Quels autres ? Mystère. Certes, il y en avait d'autres mais les lecteurs de la collection « Métamorphoses » – collection très raffinée de la NRF où ce texte fut publié – ne les connaissaient pas. Dubuffet nous fait croire qu'il parle des peintres que j'ai cités puis, d'une ruade, se dément. C'était donc une façon de parler – pour agacer.

Parmi les portraits de 47 il y avait celui de Gaston Chaissac et parmi les ouvrages exposés chez Drouin en 49, il y avait trois œuvres de Gaston Chaissac. Cet homme d'art brut est devenu célèbre. Dubuffet avait bien raison de l'admirer. Je voudrais en finir avec toutes ces questions en citant une ou deux phrases de Chaissac que j'ai lues dans *Gaston Chaissac, puzzle pour un homme seul*. C'est un essai d'Allan Michaud, publié à la NRF.

Première phrase : « Mon mode d'expression en peinture (…) est assez comparable à un dialecte et même au patois avec lequel on peut s'exprimer… »

Deuxième et dernière phrase, qui me paraît importante : « Mais vous ne conduirez pas des gens à goûter ma peinture *sans éducation artistique* » (c'est moi qui souligne) « et vous

73

ne ferez pas leur éducation artistique en leur présentant ma peinture d'abord. Pour me faire des partisans, je ne peux pas me passer de Saint-Sulpice.»

Ainsi parlait Chaissac, qui était un exemple d'art brut. Chaissac reconnaît que le spectateur de ses ouvrages doit, pour les apprécier, ne pas être «indemne de culture artistique». Ce sera tout pour aujourd'hui.

Encore un mot pourtant! Je suis surpris de constater que, dans ces années-là, je ne me rendais pas compte de ceci : la parole de Dubuffet sépare complètement la peinture et l'écriture. Car en littérature, les productions d'hommes ou de femmes «indemnes de culture» n'existent pas. Ouvrons au hasard le *Journal* de Kafka, cherchons une phrase courte. Celle-ci, par exemple : «Je n'aurais jamais pu épouser une jeune fille avec laquelle j'aurais vécu toute une année dans la même ville.» Je vois mal un «indemne» écrire cette phrase.

Décidément, il ne m'est pas facile d'être d'accord avec ce que j'écris. Le temps d'aller à la ligne et me voici happé par le souvenir d'une lecture qui donne raison à Dubuffet. Voici. Dans chaque église, il y a un cahier destiné à recevoir des prières. Ce sont des prières courtes, souvent naïves. Un dominicain, le père Bonnet, en a publié un choix, après en avoir récolté 140 000. Ces prières rapprochent l'écriture de l'art brut :

«Mère du ciel on m'a volé mes chaussures.»

«St Joseph faites que je n'ai pas d'enfant.»

«Faites que le prêtre ne me laisse pas mourir seule.»

«Oh, Notre Dame! Vous savez bien.»

«Faites-moi aimer davantage celle dont je rêve.»

Et enfin :

«Vierge Marie, même si nous nous foutons de toi ce n'est pas ainsi qu'il faut le prendre. Merci.»

Ce livre du père Bonnet a des milliers d'auteurs anonymes. S'agit-il ici d'invention? D'invention de la vérité, oui. (Le livre du père Bonnet, *Prières secrètes des Français d'aujourd'hui*, a été édité au Cerf en 1976.) Derniers exemples :

«Notre Dame de la Salette faites un miracle pour que je puisse entrer en sixième. Merci.»

«Faites que je comprenne à l'école.»

«Sainte Mari Madelleine a prenné maua Lortaugrafe. »

Il me semble qu'il y avait parenté entre l'art brut, l'humour du *New Yorker* et ces prières spontanées. Il y avait, ici et là, le saut de l'impossible dans le possible et le saut du possible dans l'impossible. Georges Bataille identifiait le rire à ces sauts. Il y avait de l'exaucement dans le rire de ce temps-là.

J'allais oublier de vous dire qu'à l'automne de 1949, le «Journal télévisé» s'est mis à exister. Nous n'étions pas nombreux. Les téléspectateurs ne l'étaient pas non plus. Il y avait, disait-on, 1 200 foyers équipés d'un récepteur. Pas plus. C'est pourquoi Pierre Sabbagh avait eu du mal à former sa petite troupe de journalistes. Nous venions presque tous de la radio qui avait, alors, une audience comparable à celle de la télévision aujourd'hui. En 1949, entrer à la télévision, c'était entrer nulle part. Provisoirement. Nos camarades de la radio nous regardaient partir en souriant : ils savaient bien qu'ils viendraient nous retrouver. Il a fallu l'enthousiasme et la ténacité de Sabbagh pour nous aider à faire comme si nous avions un «vrai public».

À cette époque, la télévision habitait rue Cognacq-Jay. Les grands studios ne se trouvaient pas encore aux Buttes-Chaumont. Rue Cognacq-Jay, il devait y avoir trois studios, parce que je me souviens du studio 3. Le studio 2 ne servait pas souvent. Le studio 1 ? Je ne crois pas l'avoir vu. Je ne connais pas l'histoire de Cognacq-Jay. Au départ, ce devait être un immeuble comme un autre, puisque, derrière le bureau de Sabbagh, il y avait une salle de bains. Nous nous sommes aperçus, à un certain moment, qu'il y avait un escalier ne menant nulle part. C'est difficile d'échapper au symbolisme.

Naturellement, la première fois que l'on doit commenter un sujet en direct, on se trouble. On est toujours trop long. On déborde. Je me souviens de mon premier sujet. C'était une histoire de gendarmes avec des lignes jaunes. Avant d'écrire le commentaire, le sujet me paraissait long. En réalité, il faisait moins d'une minute. J'ai compris assez vite qu'il fallait écrire très peu. Le moins possible. J'y suis arrivé de bon cœur.

Au tout début, nous n'étions vraiment pas nombreux. Sallebert, Decaunes, Debouzy

venaient de la radio, Loursais de la presse filmée. Tchernia n'était pas encore arrivé. Darget était déjà là. Je crois même que Darget
aimait à remonter une pendule qui se trouvait
dans la cabine d'où nous parlions. Cette pendule se mettait à sonner parfois, quand nous
étions à l'antenne, stupidement.

Le «Journal télévisé» avait une seule secrétaire : la secrétaire de Pierre Sabbagh. Les choses prenant de l'importance, Sabbagh eut deux
secrétaires : l'ancienne et la nouvelle. La nouvelle avait si peur de l'ancienne qu'elle apprit
l'anglais pour téléphoner tranquillement à son
fiancé. Mais l'anglais est une langue difficile,
ce qui m'a permis d'entendre cette bribe de
conversation : «*I am...* comment dis-tu
"libre" ? »

À cette époque, dans toutes les salles de
cinéma, un hebdomadaire filmé d'une
vingtaine de minutes était projeté avant le
film. Cela s'appelait les «Actualités» et cela
relatait les faits saillants de la semaine, avec
une préférence pour les défilés de mode et les
concours de beauté. Le commentaire de ces
«Actualités» était respectueux et même un
peu triomphant. Par exaspération, nous prîmes,

presque tous, au «Journal télévisé», un ton narquois qui convenait assez bien à la pauvreté du langage audiovisuel d'alors. Une crise ministérielle, par exemple, se traduisait en images par des voitures officielles quittant l'Élysée. Quand la crise était dénouée, on voyait les mêmes voitures entrer à Matignon. Sabbagh avait recruté d'excellents cameramen mais les caméras d'alors étaient sourdes : le son était le grand absent (je parle des caméras de reportage, évidemment).

Les cinq sixièmes des images du «Journal télévisé» provenaient, chaque soir, des tournages réalisés par les cameramen déjà cités, mais le reste – un sixième environ – était fourni par les agences de presse filmée. C'est ce reste – tourné en 35 mm – que j'avais à commenter. Commenter est ici un verbe bien trop noble : la plupart du temps, je ne savais rien de ce reste. Il fallait faire semblant de lui trouver un sens. Il fallait mettre quelques mots sur les images, comme pour les assaisonner ou les accompagner. Pour éviter l'éventuel « qu'est-ce que c'est que ça ?» de l'éventuel spectateur. Mais mon « commentaire » ne faisait que dire ça : que je ne savais pas ce que c'était que ça. Il fallait parler – un peu – parce que c'était l'usage. Derrière cet usage il y avait, à mon avis, l'idée que le téléspectateur pourrait se fâcher si quelque chose, un silence prolongé, lui faisait croire brusquement qu'il était tout seul – que nous l'avions laissé tout seul – à regarder l'image de son récepteur. C'est à «nous» bien entendu que je prête cette arrière-pensée, à nous qui, au début, avions l'impression confuse d'être en relation avec chaque récepteur. Il faut croire que cette impression était partagée car, lorsque fut venu le temps du «direct en plateau», nombreuses furent les lettres qui commençaient ainsi : «Vous avez encore fumé chez moi sans m'en avoir demandé la permission.» Aujourd'hui ce n'est pas l'étrange qui a disparu, c'est l'antitaba-gisme qui a gagné.

Je me souviens de l'énergie et de la ténacité de Pierre Sabbagh qui s'était donné pour mis-sion de rendre la télévision nécessaire. La télé-vision était une personne que l'on devait lais-ser entrer partout. Elle permettait à tout un pays – et bientôt au monde entier – de regar-der les événements de si près que voir devenait toucher. On était si près de la reine d'Angleterre pendant son couronnement, on était si près de la roue du maillot jaune, que l'absence était abolie. On allait être présent partout. Aujourd'hui, c'est devenu banal, mais devenir banal demande du temps. Et casse du bois : les envoyés spéciaux sont des civils qui prennent des risques.

Comme la fabrication du commentaire perdait peu à peu de son charme, Sabbagh eut la bonne idée de me laisser faire un « magazine des arts et des lettres ». La caméra, au début, était muette, elle devint parlante en s'accouplant à un gros magnétophone qui, pour être synchrone, enregistrait le son sur une pellicule dont la taille et les perforations étaient identiques au film de 16 mm.

Mais c'est en « muet » que, pour ce magazine, Robert Doisneau a bien voulu nous présenter quelques-uns de ses héros. En 1953, Robert Doisneau était déjà un photographe célèbre, mais pour ses « héros », il était un ami. Une grande partie d'entre eux habitait le Paris des Halles, du trottoir à la cave, en s'arrêtant au zinc. Tous étaient des habitués : clochards et patrons. Chacun avait sa légende, vraie ou inventée. Je me souviens d'un vieil homme à tête d'aigle qui rougissait d'avoir été, disait-il, conservateur (d'un département) d'une grande bibliothèque de la rive droite. Il préférait vivre dans un hôtel de passe. Robert prenait les discours comme ils venaient : un photographe doit croire ce qu'on lui dit. Ses héros ne ressentaient, chez lui, aucune réticence. Ils étaient heureux d'être photographiés. Comme on est heureux d'être guéri. Robert avait, spontanément, le comportement d'un médecin. Avec son Rolleiflex, il prenait la tension. En habitué. J'ai parlé des Halles mais Doisneau connaissait tout Paris. Il nous a fait entendre un concierge qui ne travaillait pas dans sa loge : par pitié pour les locataires, ce concierge vivait dans sa cave ; il y donnait des cours de trombone, continuellement.

Nous avons terminé notre balade avec Doisneau en allant voir un sculpteur pessimiste. Il enfermait des journaux récents dans des boules de béton. À l'intention des survivants qui pourraient ainsi découvrir, longtemps après la prochaine guerre atomique, les prévisions météo pour un week-end ancien.

Je crois que j'avais rencontré Doisneau chez Romi. Romi tenait boutique rue de Seine, au numéro 15. Il vendait – ou plutôt : il donnait – de la mémoire. Romi avait des documents sur tout ce qui avait eu lieu entre 1850 et 1950. Dans tous les domaines, de l'érotique au religieux. Son immense collection de cartes postales était très bien rangée. Raymonde, sa compagne, savait par cœur toutes les chansons. C'était un plaisir d'aller leur dire bonjour. Ils n'étaient jamais seuls. Il y avait toujours quelqu'un qui était là. Giraud (Robert), par exemple, un grand spécialiste de l'argot. Giraud passait son temps à chercher des gens dignes d'intérêt. Des gens capables d'intéresser Dubuffet. Je me demande si ce n'est pas Giraud qui avait découvert l'homme aux boules de béton.

À l'art brut, Romi préférait les Naïfs. Il en a exposé plusieurs. Ferdinand Desnos, le portraitiste ; Dominique Lagru, l'ancien mineur envoûté par les rats ; et Boilauges, qui peignait des boutiquiers devant leur boutique. J'ai vu plusieurs fois Desnos et Lagru. Mais je n'ai jamais rencontré Boilauges. C'est bizarre.

Quand je pense à ces personnages des Halles qu'il connaissait bien, je crois encore entendre Doisneau leur parler, en les photographiant, sur le ton de l'encouragement – comme s'il avait besoin de leur concours pour que l'image soit à son goût. Il les faisait pétiller. On est comme on est, mais content de l'être.

Je me souviens d'un couple de clochards, fait d'un monsieur petit et d'une grande dame. L'effet produit par la différence des tailles était nul : il n'y avait pas d'effet produit du tout. Le regard du monsieur petit interdisait toute remarque. On le sentait prêt à vous insulter pendant longtemps. Il était chargé, comme un fusil peut l'être. Bêtement, j'ai oublié ce que Robert lui disait pendant la photo.

Je regrette de ne pas avoir demandé à Doisneau de venir avec nous à La Haye, en Touraine. C'est à La Haye que Descartes est né. Depuis quelque temps, j'avais envie de savoir comment les habitants de La Haye nous parleraient de lui. Étaient-ils fiers? Indifférents? Ils étaient fiers et parlaient de Descartes avec sympathie. L'aubergiste s'appelait Mme Raison. Il y eut pourtant une exception : le sabotier. C'est sa femme qui est venue vers nous : elle ne voulait pas nous parler de ça.

Bien ; j'ai demandé à l'ingénieur du son de sortir avec son micro. Puis, j'ai dit à la dame que je respectais sa volonté mais que, par sympathie pour Descartes, je serais heureux de savoir pourquoi elle refusait de parler de lui. Après plusieurs instants, la dame me dit :

« Il n'est pas mort d'une mort naturelle. On ne veut pas être mêlés à ça. »

Pour la dame, il y avait donc une affaire Descartes qui n'était pas terminée. On enquêtait toujours et j'étais l'un de ces fouilleurs comme il y en a tant. J'ai souvent pensé à cette dame. Le temps pour elle n'avait pas d'épaisseur. Danièle Sallenave, dans *Le Don des morts* (Ed. Gallimard), cite une phrase de K. Brandys : « Il ne savait pas qu'il y avait eu un dix-septième siècle. »

C'est facile de faire le malin mais si je me demandais de me raconter ce qui se passe entre Clovis et l'an mille, je rougirais. Ou plutôt, je ne rougirais pas, ce qui est pire. Qu'est-ce donc qui m'empêcherait de rougir ? Je vais répondre par une question stupide qui essaye de désigner ce flou qui, en aval, sépare le grand aujourd'hui du grand hier. Voici la question : à quelle époque commence, pour vous, le film dans lequel nous sommes encore aujourd'hui ? Impossible de répondre précisément à cette question. Disons – en rougissant cette fois – qu'avant Jeanne d'Arc, je ne me sens pas dans le même film. J'ai tout à fait conscience du ridicule de ce que j'écris. Pataugeons encore un peu. Il me semble qu'entre Jeanne d'Arc et aujourd'hui, je crois savoir de quel côté je suis. C'est une croyance qui n'est pas fondée, naturellement. C'est une illusion : ce n'est pas parce que j'aime lire le duc de Saint-Simon que je me rallie à ses objectifs politiques. Mais lire Saint-Simon avec plaisir me fait croire que je peux comprendre (un peu) son siècle. De même Jeanne d'Arc : le texte qu'elle improvise pendant son procès fait d'elle un écrivain superbe. Dans la vie courante, je ne crois pas qu'une personne puisse entendre et voir des saints lui parler, mais quand je lis les *Procès de Jeanne d'Arc*, je crois tout à fait qu'elle a vu et entendu saint Michel lui parler.

Entendons-nous bien : je ne croirais pas Jeanne d'Arc si elle voulait nous prouver quelque chose. Mais elle ne veut rien nous prouver du tout. Elle veut seulement être crue quand elle dit ce qui lui est arrivé.

Dans ces années-là, un cardinal mourut et je trouvai dans une librairie de la rue de Rennes toute sa bibliothèque, bazardée par ses héritiers. Pour peu de francs, j'ai pu me procurer quelques livres utiles : un manuel de confession et la plupart des œuvres d'un merveilleux curé de campagne : Jean-Baptiste Thiers, qui, né sous Descartes, se battit toute sa vie contre les superstitions. Non par agacement : par foi. Thiers fait appel à la raison pour lutter contre le Diable, car les superstitieux font, à leur insu, des pactes avec les démons. Je me suis intéressé à l'œuvre de ce prêtre qui, par les exercices de son style, était assez proche de Queneau. Exemple. Dans les campagnes, au XVIIe siècle, si un cheval était malade, il y avait toujours une pierre, quelque part en forêt, autour de laquelle on le faisait tourner trois fois pour le guérir.

Thiers s'indigne : pourquoi *cette* pierre ? pourquoi trois tours ? « Et de vrai, écrit-il, si cette pierre jointe à ces trois tours, ou ces trois tours joints à cette pierre avaient naturellement la vertu qu'on leur attribue de guérir les chevaux malades, toutes les autres pierres et tous les autres trois tours de même espèce joints ensemble, le devraient aussi avoir . »

Or ce n'est pas le cas. Avec une autre pierre et trois autres trois tours, le cheval ne guérit pas. Jean-Baptiste Thiers le reconnaît. C'est donc que la pierre autour de laquelle les paysans font tourner leur cheval trois fois ne gué-rit pas *naturellement*. Autrement dit : le Dia-ble s'en mêle. D'où la règle : «Une chose est superstitieuse et illicite, lorsque les effets que l'on en attend ne peuvent être raisonnable-ment attribués à Dieu, ni à la nature. »

Il faut donc faire bien attention. Par exem-ple : si l'on veut se purger, on peut prendre une infusion de séné. Mais si, pour se purger, on ne veut prendre une infusion de séné que dans un vase de figure oblongue, ovale ou car-rée et sur lequel les deux premières lettres de l'alphabet sont inscrites, alors on est grave-ment superstitieux. Cela veut dire que l'on nie la vertu du séné et qu'on offre au démon l'honneur et le pouvoir de nous purger. Le séné devient un signe. Rien ne sépare la superstition de la magie, presque rien ne sépare, à son insu, le superstitieux du sorcier. Or les sorciers sont incestueux.

«Car Satan leur fait entendre qu'il n'y eut jamais parfait sorcier, qui ne fût engendré du père et de la fille, ou de la mère et du fils. »

Né un an avant la publication du *Discours de la méthode*, Jean-Baptiste Thiers nous aide à deviner dans quelle forêt mentale on risquait alors de s'égarer – et quelle force, et quelle chance eurent celles et ceux qui la survolèrent et ne s'y perdirent pas. Vue des années cinquante, cette forêt mentale me paraissait plutôt belle. Tout ça n'avait pas tellement changé : le Diable étant le capitalisme, la superstition était la droite. La pierre autour de laquelle on tournait trois fois était devenue un buste, avec des moustaches. Parenthèse. Bien plus tard, aux Buttes-Chaumont, parmi les décors, j'ai vu traîner une photo de Staline, haute et large d'une vingtaine de mètres. Et à la craie, tout en haut, quelqu'un avait écrit : « Reviens Joseph, on s'ennuie. »

Supplément : bien des phrases de Thiers s'apparentaient aux dictons surréalistes. Exemple : « Empêcher les personnes de dormir en mettant dans leur lit un œil d'hirondelle. »

Dans un autre livre trouvé rue de Rennes, un recueil des proverbes de Haute-Bretagne – il y avait d'autres merveilles qui mettaient le surréalisme à sa place : dans la tradition de la poésie spontanée. Ma mémoire a gardé ces deux proverbes bretons :

«Les anguilles sont les mères des fontaines»,
et : « La dorade change sept fois de couleur en
mourant. »

Le manuel de confession, dont j'ai parlé,
était techniquement très avancé. Chaque
péché était imprimé sur une languette de
papier dont la partie gauche était collée à la
page et dont la partie droite était logée dans
une alvéole. Si vous aviez commis tel péché, il
vous suffisait de sortir la languette de son
alvéole et de la replier. Impossible d'oublier le
moindre péché : il suffisait de feuilleter. C'est
un livre du XVIIIᵉ siècle (*La Confession coupée*
du R.P. Christophe Leurterbreuver) qui
s'adressait à une clientèle de luxe. Il proposait
des péchés rares. « Avoir causé la guerre », par
exemple.

Le premier commandement m'a posé une
énigme.

Le péché de tête est : «avoir vécu en
hérésie». Mais le second est : « avoir fait semblant d'être hérétique».

Pourquoi était-ce si grave de faire semblant ? Un homme qui fait semblant peut-il
être plus convaincant qu'un véritable héréti-

tique ? C'est bien possible. On voit ça, de nos jours.

Puisque nous parlons confession, je dois avouer qu'il m'a toujours fait plaisir d'avoir, à côté des livres contemporains, quelques anciens qui paraissent injustement marginaux. Les grands anciens sont tous des modernes : ils n'ont pas été gênés par ce qui souciait le curé de leur paroisse. Certes, nous avons bien raison de les admirer, mais ce n'est pas en les lisant qu'on risque de se perdre dans la «forêt mentale ».

Certaines œuvres qui voudraient expliquer toutes choses sont touchantes par l'énergie investie. Prenons pour exemple les travaux d'un homme qui, s'il n'avait écrit un méchant livre contre les Rotschild, serait recommandable : Toussenel. Il n'est pas trop connu. Mais Baudelaire lui a écrit deux lettres. Tout le monde ne peut pas en dire autant. Toussenel, disciple de Charles Fourier, est l'auteur d'un *Traité d'ornithologie passionnelle.* Sa doctrine lui a permis d'écrire : «Un oiseau ne ment jamais.» C'était un grand chasseur et un excellent pêcheur : il a vanté la loutre comme chien de pêche (dans *L'Esprit des bêtes*, aux éditions Hetzel).

Toussenel, c'est mon ami Brieux qui me l'a fait connaître, pendant l'Occupation. Brieux allait devenir un grand libraire, rue Jacob. À cette époque, étant de la classe 42, classe menacée par le travail obligatoire en Allemagne, Brieux avait quitté son nom et son domicile. Mais il se cachait rue Mazarine, chez Robert Desnos. C'est dire l'espérance, la confiance qu'avait Desnos. En 43, Brieux quitta la rue Mazarine et partit travailler dans une ferme. Peut-être Desnos lui avait-il conseillé de s'en aller ? Je ne sais plus.

J'allais oublier Gadrois, contemporain de Jean-Baptiste Thiers. Mathématicien, Gadrois est cartésien. Mais il croit aux sorciers. Problème ? Il est faux de dire, proteste-t-il, que les sorciers font naître des mouches de leurs mains. Non. Voici la vérité. Les sorciers ramassent des œufs de mouche, ce qui est à la portée de n'importe qui — et comme ils ont la faculté d'accélérer le temps, il leur suffit de quelques secondes pour faire éclore les œufs.

Les mouches naissent et s'envolent : tout s'est passé *par étendue et par mouvement*. Descartes est sauf, les sorciers le sont aussi. Cela s'appelle améliorer. Ou dépasser. Nous connaissons.

Je reviens à Toussenel : il n'était pas un rêveur. Il croyait à la vertu de la pensée analogique. Il cherchait à découvrir en rapprochant A de Z – par exemple une Parisienne d'une colombe – un ensemble de lois qui lui donneraient un pouvoir sur la réalité.

C'est cette recherche du pouvoir qui réunit, à leur insu, des gens très différents, célèbres ou inconnus. L'un des pouvoirs les plus courants pourrait bien être le pouvoir de la parole qui consiste à faire croire que, derrière la parole, il y a quelqu'un – homme ou femme – qui obtiendra ce qu'il veut pour des raisons secrètes et qui le resteront. Je pourrais penser à Don Juan mais, en fait, je pense à Gaufredy. Gaufredy est un prêtre qui mourut sur le bûcher, en 1611, pour avoir séduit Madeleine, une ursuline de bonne famille. Madeleine se crut envoûtée, l'inquisiteur crut Madeleine et Gaufredy brûla. À son procès, Madeleine dit le pouvoir de sa parole :

«Vous convenez des grandes privautés que vous avez eues avec moi, et des *conversations* vives et fréquentes que nous avons eues ensemble.»

Je le rappelle : Gaufredy était un prêtre. Il avait donc un double pouvoir : le pouvoir que donne à tout homme le fait d'être un homme *et* le pouvoir propre au prêtre – qu'un janséniste, Robert Arnault d'Andilly, décrit ainsi, en fustigeant «ceux qui se font prêtres sans vocation» :

Tu reçois hardiment les ordres les plus saints
Sans savoir si c'est Dieu de qui la voix t'appelle.
Avec quelle fureur Ses yeux peuvent-ils voir
Que tu viens lui ravir *l'adorable pouvoir*
De consacrer ainsi Son corps par tes paroles?

De nos jours, le Diable est mort. Qui le remplace ? Imaginons-nous, autrefois, à un croisement de voies. Est-ce à gauche ou à droite qu'il faut aller? On écoutait sa conscience. À mon avis, disait la conscience, c'est à droite. C'est alors qu'on se demandait : qui parle en moi? Dieu ou le Diable? La réponse était aléatoire. Aujourd'hui, nous avons perdu la curiosité de savoir qui parle en nous. Nous croyons que le hasard est providentiel. Le succès du Loto le prouve.

C'est d'un livre plus ancien – *Les Devises* de Paradin – que nous avons choisi d'extraire le premier décor de l'émission «Lectures pour tous». Ces devises étaient – toutes – des images. Jean Prat, réalisateur de l'émission – qu'il a marquée de son regard aigu –, aimait beaucoup la devise que Paradin prête à Godefroy de Bouillon : *une* flèche qui transperce trois oiseaux en plein vol. Agrandie cinquante fois, cette flèche et ses trois oiseaux firent un décor simple et beau. Quant au sens de ce choix, nous l'avons toujours ignoré. Peut-être rêvions-nous d'*une* question qui, à elle seule, percerait trois écrivains ?

Mais je vais trop vite : nous n'en sommes pas encore à l'année 1953.

La télévision, à ses débuts, avait bon caractère : elle était ouverte, ressemblant à une salle de jeu où l'argent n'avait pas cours. Nous étions peu payés mais nous avions le droit de toucher à tous les genres : «variétés», «dramatiques». À condition d'être «un salarié intermittent rémunéré au cachet». C'est-à-dire : sans contrat. Le réalisateur Claude Barma m'avait demandé de faire avec lui une émission de «variétés» destinée à un éventuel public féminin. Nous avons imaginé une émission simple dont la vedette était une charmante comédienne, Frédérique Nadar, et dont la tendance était carrément psychologique. La première moitié du titre était : «Puisque vous êtes». Cela donnait : «Puisque vous êtes jolie», «Puisque vous êtes jalouse», etc. L'émission plaisait, nous disait-on.

Un journal anglais avait publié une photo de Frédérique ainsi sous-titrée : la vedette de l'émission «*Because you are…*». C'est la raison pour laquelle *France-Soir*, dans sa page spectacles, avait reproduit la photo anglaise avec cette curieuse légende : Frédérique, la vedette de l'émission «Parce que vous existez…» Il y avait pourtant, déjà, des rubricards TV dans les journaux, mais le mépris pour la TV était tel que le patron de la page spectacles n'avait pas cru bon de s'informer du titre exact. L'idée même qu'une émission puisse être intitulée «Parce que vous existez» ne l'avait pas choqué. Naturellement, nous faisions cette émission en direct. Un jour, quelqu'un de la régie vint nous chercher pour nous montrer notre plateau. Ce qui était, d'habitude, une sorte de grande pièce toute nue, était, ce jour-là, encombré de grandes et grosses choses noires. C'était le décor prévu pour *La Danse de mort* de Strindberg.

«Si vous voulez tourner la semaine prochaine, faudra tourner là-dedans.»

C'était terrifiant. Timidement, nous avons essayé de faire «Puisque vous êtes peureuse». Hélas! Il y avait dans ce décor un malheur, une énergie de malheur que nous n'avons pas su détourner à notre profit. Tout le monde se mit à bégayer. Cette émission consternante fut la dernière de la série. Nous n'en avons pas fait une maladie. Je crois que nous nous sommes mis (aussitôt) à travailler sur le programme de Noël : c'était l'histoire de Cendrillon – qui allait occuper toute la soirée du

25 décembre. Les deux studios allaient servir : Barma aux manettes de l'un, Margaritis aux manettes de l'autre. Dumayet (Françoise) écrivit les chansons, Marion la musique, et Dumayet (Pierre) les dialogues.

Notre nouveau directeur s'appelle Jean d'Arcy. C'est un homme fin, intelligent. Il a envie de faire de la télévision quelque chose qu'il pourra regarder chez lui, sans rougir, même si ses amis sont présents. De toute façon, à 21 heures, les enfants sont couchés : c'est l'usage. Les grands-parents veillent plus longtemps : il ne faudrait pas qu'ils soient choqués. Rien ne va déranger les programmes. Les tranches d'âge ne sont pas prises en considération. De sept à soixante-dix-sept ans, on ne change pas. C'est presque impossible, aujourd'hui, d'imaginer une télévision pour tout le monde. Il y a cinquante ans cela paraissait possible, normal. C'est que les téléspectateurs n'étaient pas considérés comme des clients. Ils étaient, plutôt, des lecteurs d'un genre nouveau. Des lecteurs de visages.

Après tout, c'est ce que nous étions, nous aussi, Pierre Desgraupes et moi. Nous avions en face de nous, comme si nous étions dans un train, des personnes qui nous parlaient. Ces personnes, les téléspectateurs les recevaient en gros plan : les visages des écrivains avaient la même taille que les leurs. Certes, ils parlaient de leurs livres. Mais surtout : ils parlaient tout en ayant un nez, une bouche et des oreilles. Et on pouvait les regarder et les écouter sans se gêner. Ça, c'était nouveau.

Jean d'Arcy nous avait demandé de faire au plus simple. Il voulait que l'on ait, en direct, une conversation, courte mais vraie. Nicole Vedrès et Max-Pol Fouchet ont eu, dès le départ de «Lectures pour tous», des rôles différents des nôtres.

Piéton de paris, Nicole racontait sa semaine – ses trouvailles et ses émerveillements. Max-Pol, un soir que je n'ai pas oublié, nous a montré le chemin qu'il fallait prendre pour lire *Au-dessous du volcan* de Malcom Lowry. Max-Pol était un merveilleux montreur de chemins.

Il y a probablement une centaine de façons de lire un livre. Disons qu'il y en a au moins quatre. La première consiste à lire pour son plaisir. Péguy parlait des «lecteurs purs, qui lisent pour lire, non pour s'instruire, non pour travailler...». Une lecture absolument pure doit être rare. Supposons que je lise un livre. J'ai décidé de le lire parce que X m'en a parlé. X trouve ce bouquin épatant. En le lisant, je me demande pourquoi X trouve ce bouquin épatant. Ma lecture ne saurait être tout à fait pure puisque je ne sais pas trop ce que je cherche en lisant un livre *recommandé* par X. Qu'est-ce qui a pu lui plaire là-dedans? A-t-il voulu me faire comprendre quelque chose? Trouve-t-il que je ressemble à ce connard de héros? Bref, c'est l'enfer. Certes,

104

j'exagère; mais peu. «Recommander» un livre à quelqu'un n'est pas toujours innocent. C'est pourtant une pratique courante. On dit plus souvent : « Tu devrais lire ça» que «Tu devrais aller faire un tour dans la forêt de Tronçais ». Si j'ai pris cet exemple, c'est que la forêt de Tronçais est, pour moi, comme un livre que je n'ai pas lu. Mon père m'en parlait souvent.

Je viens de me prendre sur le fait. Hier soir, par plaisir, j'ai lu pour la première fois *La Bien-Aimée* de Thomas Hardy. C'est, partiellement, l'histoire d'un homme qui, vingt ans après, se reproche d'avoir abandonné une jeune fille à qui il avait promis le mariage. Qu'est-elle devenue? Il va voir. Cet homme, Jocelyn, et cette fille, Avice, sont du même pays : une petite île rocheuse du sud de l'Angleterre. Tous les insulaires s'y ressemblent. Notre homme retrouve Avice. Elle a une fille de vingt ans, Avice, ravissante. L'homme, séduit, veut épouser la fille. Mais au dernier moment, les vents lui sont contraires. Vingt ans plus tard, l'homme revient sur l'île. La fille de la seconde Avice a vingt ans. L'homme se sent encore jeune. Il rêve d'épouser cette troisième Avice. Mais la fille s'échappe. Grâce à Thomas Hardy, j'ai lu ce roman naïvement, sans penser une seconde à l'inceste! Le lecteur est si fortement saisi par la ressemblance des insulaires entre eux, que l'idée d'inceste ne se formule pas. C'est ce matin que j'y ai pensé en cherchant une phrase de Musil dont j'avais besoin :

« L'homme qui n'aime au fond que les comparaisons, et pour qui l'inceste même en est une... »

Il est clair que si j'avais besoin de cette phrase de Musil, c'est qu'elle était la clé du roman de Thomas Hardy.

(Certes, je pourrais déchirer la vingtaine de lignes que vous venez de lire. Ce serait plus simple. Mais je préfère les garder, parce qu' à nouveau, je suis confus, vraiment : je viens de relire *La Bien-Aimée :* il n'y a pas le moindre inceste dans cette histoire. Je voudrais comprendre mon erreur et, pour m'en punir, vous en faire part.)

À vrai dire, l'affaire est simple. Juste avant de lire *La Bien-Aimée*, j'ai lu, du même Thomas Hardy, *Les Petites Ironies de la vie*, un recueil de nouvelles. L'une d'elles, intitulée

Par acquis de conscience, raconte l'histoire d'un célibataire qui veut «réparer». Cet homme, M. Millborne, a promis le mariage – lorsqu'il avait vingt ans – à une jeune fille de son pays. Il lui avait laissé, en partant, un enfant à naître. À l'enfant près – mais ce n'est pas rien! – le point de départ de cette nouvelle et le point de départ de *La Bien-Aimée* sont identiques. Si j'ai confondu la nouvelle et le roman, c'est que les deux destinées masculines sont, l'une comme l'autre, marquées par la ressemblance. Dans *La Bien-Aimée*, les personnes nées dans l'île se ressemblent toutes. Il n'y a que sept noms de famille différents, dans l'île. Si bien que Jocelyn et les Avice successives m'ont paru avoir, dans leurs veines, le même sang. Dans la nouvelle, antérieure de trois ans au roman, la ressemblance entre l'enfant abandonnée et son père contribue au grotesque qui charmait Proust. Précisons : lorsqu'il va rejoindre son passé, M. Millborne, le célibataire qui veut réparer, tombe sur une dame qui, aidée par sa fille, est la reine de la petite ville qu'elle a choisi d'habiter. Elles y donnent des cours de danse. La dame – Léonora – n'a pas refait sa vie. Elle a dit être veuve, et tout le monde l'a crue. Même sa fille, qui s'appelle Frances. L'arrivée de M. Millborne dérange donc. Est importune. Frances est une belle jeune fille que M. Millborne, avec regret, trouve antipathique. Elle a, pour fiancé, un jeune et beau vicaire qui est, lui aussi, troublé par la présence nouvelle de M. Millborne. Mais comme M. Millborne est assez riche pour pouvoir promettre à Léonora qu'elle n'aura plus besoin de travailler, tout lui réussit : le mariage se fait. Léonora peut dormir tranquille : son notaire est content. Au jeune vicaire on dit que M. Millborne est un vieil ami de la famille. Mais un jour, tout le monde fait une promenade en bateau. La mer devient mauvaise. Seul, le jeune vicaire n'est pas gêné. Il voit – avec quelle surprise – M. Millborne et sa fille, saisis par le mal de mer, se ressembler ! Le vicaire «fut peu à peu frappé de la ressemblance qu'offraient, pendant leur malaise, ces deux êtres qui, à l'état normal, n'avaient rien de commun». Revenu à terre, le vicaire, méfiant, s'absente. M. Millborne, qui s'est aperçu avec horreur de cette ressemblance passagère, décide de s'éclipser. Après avoir installé son petit monde dans une belle maison, il écrit une lettre d'adieu, traverse la Manche et s'arrête à Boulogne. Là, le soir, il lui arrive de boire un peu. Assez souvent, son domestique l'aide à rentrer chez lui. C'est ce qui, probablement, serait arrivé au héros de la *La Bien-Aimée* s'il avait eu la grâce d'être constant.

Bien. Je n'ai pas justifié ma lecture erronée de *La Bien-Aimée*. J'ai seulement voulu m'expliquer. Et si j'ai conservé ces quelques pages au lieu de les jeter au panier, c'est que cette lecture vicieuse m'intéresse comme pourrait m'intéresser un accident. Depuis plusieurs mois, en effet, j'essaie de réfléchir sur la ressemblance. Dans cette intention, je prends des notes et je mets des textes de côté. *C'est vrai* que j'ai lu, avant-hier, Thomas Hardy *par hasard* et *par plaisir*. Mais c'est vrai aussi que je suis tombé sur des histoires où la ressemblance joue un rôle inhabituel. Je n'ai donc pas évité le piège signalé plus haut : j'ai lu, sans le vouloir, un livre « recommandé » par le hasard.

La deuxième façon de lire un livre : le lire en sachant qu'après l'avoir lu, il faudra faire un «papier» – un compte rendu. Favorable ou défavorable, ou carrément neutre. Précaution élémentaire : avoir un crayon à la main, pour souligner ce qui plaît ou déplaît. Ce «papier» sera subjectif, nécessairement : personne n'osant plus se référer à un modèle. Et c'est tant mieux. L'embarras du lecteur chargé d'écrire un «papier» peut être sans limite. Je n'ai jamais eu l'occasion de décrire cette petite panique : essayons. Je relis (donc) les phrases que j'ai soulignées. Elles me plaisent toujours, mais, à elles seules, elles ne suffisent pas à rendre compte du livre. Ce que je voudrais décrire, c'est la peau du texte. Comment l'écriture m'a touché. Pas comme une bonne action touche, non. Comme une main touche une nuque ou une autre main. Il y a dans la lecture, quand tout va bien, un plaisir vrai, continu. Mais quand il s'agit d'un livre qu'on lit pour la première fois, c'est bien rare d'éprouver, d'emblée, ce plaisir-là. Aussi doit-on anticiper, faire un pari. On décrit le plaisir qu'on aura, plus tard, à la troisième lecture. Ou bien : on ne se voit pas du tout relisant le bouquin. On joue les offensés : de quel droit m'a-t-on fait lire ce livre ? Car peu de livres nous sont neutres. Ils nous fâchent ou nous plaisent. Comme les gens.

Il y a une troisième façon de lire un livre : si l'on sait que l'on «interviewera» son auteur. Dans ce cas – que je connais bien – on lit en soupesant chaque phrase, pour mettre de côté celles qui, réflexion faite, pourront servir de questions. Car il n'est pas simple de savoir si une question est une vraie question... Une vraie question est une question que le questionné reconnaît comme question : il la comprend, estime qu'en effet elle le concerne. Les fausses questions – mais vous le savez bien ! – sont des phrases auxquelles on ajoute un point d'interrogation. Maintenant, il faut le reconnaître, il arrive assez souvent qu'après avoir soupesé bien des phrases d'un bon livre, on n'ait aucune question à poser. Ça, c'est embêtant. Il est difficile de dire à un écrivain : «J'ai lu votre livre avec plaisir mais je n'ai aucune question à vous poser.» Pourtant, cela ne prouve rien. Mais de nos jours, et depuis longtemps déjà, les gens n'aiment pas qu'on n'ait pas de questions à leur poser. Peut-être est-ce Goethe qui a lancé cette mode, avec le concours d'Eckerman. Autrefois, on ne posait pas de questions.

Pas de questions chez Platon ?

Si ; mais ce ne sont pas des questions posées à quelqu'un. Ce sont des questions posées *devant* quelqu'un. C'est l'idée qui est curieuse, pas le locuteur. Me semble-t-il. Quant aux prophètes, il aurait fait beau voir qu'on leur demandât : « Qu'entendez-vous par là ? »

On ne peut pas dire qu'une question soit bonne avant de l'avoir posée. Elle est bonne si elle rapporte une réponse à laquelle personne ne s'attendait. Je pense à l'interview que Gide et Louÿs ont faite de Verlaine. Gide et Louÿs sont très jeunes et Verlaine est malade. Il habite un lit à l'hôpital Broussais. Il y en a cinq autres autour de lui. Au-dessus de sa tête, une pancarte :

« Verlaine Paul, homme de lettres. »

Gide lui montre – ce qui est une forme de question – le sonnet *Voyelles*.

Et Verlaine répond : « Moi qui ai connu Rimbaud, je sais qu'il se foutait pas mal si A était rouge ou vert. *Il le voyait comme ça, c'est tout.* »

La question de Gide était bonne.

Souvent, je me demande quel rôle joue la question dans la communication. Est-elle indispensable ? Je crois qu'on pourrait la comparer à une petite cuillère : si on tient sa part de tarte bien en main, on peut se passer de petite cuillère. De même si, tour à tour, l'un boit le discours de l'autre, la question est de trop. Mais il est rare qu'elle soit de trop.

Peut-être devrais-je dire ici deux ou trois mots du silence. Généralement, le silence, en audiovisuel, n'est pas bien vu. Il est synonyme de panne, de grève, de désordre. Dans le jeu de l'interview, le silence n'est pas souvent invité. J'aimais bien m'en servir pourtant, car il a des vertus. Quand la personne interviewée se tait, c'est qu'elle estime avoir répondu. Elle attend donc que le questionneur reprenne la parole. Et si le questionneur ne reprend pas la parole ? Eh bien, au bout d'un certain temps, la personne interviewée se sent (à tort) responsable du silence. C'est alors qu'il lui arrive de dire ce qu'elle avait omis spontanément – et qui souvent est plus intéressant, plus personnel que

ce qui venait d'être dit. De la part de l'interviewer, ce silence n'est pas «à bec et ongles».
C'est un silence attentif qui signifie : je ne
voudrais pas vous empêcher de nous apprendre ce que vous allez dire si je me tais encore
un peu.

Dans certains cas, le silence a, sans le vouloir, une autre fonction : inviter le temps à
partager l'entretien, comme on partage un
repas. Lorsque nous avons montré à Marguerite Duras des entretiens faits avec elle, datant
d'une trentaine d'années, le silence qu'elle
laissait après chaque morceau d'autrefois,
nous nous sommes bien gardés, Bober et moi,
de le couper.

Quant à la centaine d'autres façons de lire –
ou de relire –, nous aurons bien l'occasion
d'en rencontrer quelques-unes. On ne peut
pas *lire* un livre deux fois, sauf si on l'a
complètement oublié. Relire n'est pas lire une
seconde fois. Un livre est comme une ville
avec ses rues où les vitrines se suivent comme
des mots. À la première lecture, on ne s'arrête
pas également devant chaque étalage. Relire
est aussi naturel qu'aimer. Les personnes qui
n'aiment pas relire les livres qu'elles ont aimés

me font penser à un fat qui dirait d'une femme : je l'ai déjà lue.

Remarque : il arrive qu'une phrase provoque le lecteur et l'oblige à relire sur le coup. Je me souviens : je devais interviewer Jean Tardieu et je lisais *On vient chercher Monsieur Jean.* Je tombe sur cette phrase :

«Aussi loin que je remonte dans ma mémoire (...), il me semble avoir toujours entendu une certaine voix qui résonnait en moi, mais à une grande distance, dans l'espace et dans le temps.»

Après cet aveu, Jean va à la ligne, ce que nous comprenons. C'est la phrase suivante qui incite à la relecture. La voici :

«Cette voix ne s'exprimait pas en un langage connu. Elle avait le ton de la parole humaine mais ne ressemblait ni à ma propre voix, ni à celle des gens qui me connaissent.»

Le passage de l'imparfait au présent est le premier mystère. L'imparfait nous rassure : la voix ne résonne plus; la voix est partie, avec l'enfance. Mais voici qui surprend : cette voix d'autrefois ne ressemblait pas à «celle des gens qui me connaissent».

J'ai demandé à Jean : «Crois-tu vraiment connaître la voix des gens qui te connaissent ?»

Jean était perplexe. Je poursuivis : «Si tu avais écrit "ni à celle des gens que je connais", je ne poserais aucune question ; car tu connais la voix des gens que tu connais, alors que tu ne connais pas la voix de tous les gens qui te connaissent…» (Fin de la remarque.)

Je suis sûr que nous éprouvons, vous et moi, le même sentiment : ce passage manque d'anecdotes. Certes, mais bien des choses, au moment où elles se passent, vous amusent qui, quarante ans plus tard, vous font à peine sourire. Un jour, parce que j'avais interrogé un curé de campagne, François Mauriac a déclaré que j'étais le Diable. «Le Diable, écrivait Mauriac, vous l'aviez devant vous, mon père.» Être ainsi traité par François Mauriac, c'était amusant. Voire flatteur. Aujourd'hui, quelque chose me dit que Mauriac avait exagéré : je ne crois pas avoir été le Diable… Mais ce qui continue à me faire sourire, c'est la méfiance de monsieur le curé. Je l'avais invité à déjeuner à la maison. Avant de s'asseoir, je l'ai vu plonger sous la table pour enlever le micro qu'il croyait que j'y avais mis. Le Diable, sans doute, lui avait dicté cette précaution inutile.

Ce souvenir m'en rappelle un autre qui donne une idée de l'air du temps. Il y avait un mensuel (*Constellation*) qui était dirigé par une dame dont j'ai oublié le nom. Comme la religion se vendait bien, cette dame tenait à ce qu'il y ait, dans chaque numéro, un article de foi. Je connaissais deux garçons qui collaboraient à ce mensuel. Ils étaient sympathiques, gais, sans soucis. Ils adoraient le soleil du Midi. En conséquence : ils inventèrent un ordre monastique, «les moines croupiers», dont la vocation était de détourner du suicide les malheureux qui venaient de perdre leur fortune à la roulette. Après un mois d'«enquête» sur la Côte, le papier fut écrit. Ensuite la dame le publia.

Bien. Un an après la grande bataille de Dien Bien Phu, les deux garçons m'appelèrent : ils allaient publier, dans ce même mensuel, un document formidable, le témoignage d'un aumônier de Dien Bien Phu. «Lectures pour tous» se devait, disaient-ils, d'en faire écho. Pas question d'inviter l'aumônier en direct. La prudence l'exigeait. Je ne me méfiais pas de l'aumônier. Mais je connaissais mes deux camarades. Le jour de l'enregistrement, je vois arriver trois personnes bras dessus, bras dessous. La personne du milieu n'avançait pas de bonne grâce, c'était l'aumônier qui me dit : «Je suis venu seulement pour vous dire la vérité; j'ai été aumônier à Dien Bien Phu mais en 1937! Pas en 54!»

Il y avait parfois des impertinences qui mettaient de bonne humeur. Je me souviens d'un numéro de *Noir et blanc* dont la une concernait une comédienne célèbre – excellente et sympathique – qui avait, disait-on, disparu. La une de *Noir et blanc* disait : «Non, Madeleine Ozeray n'est pas morte, au contraire : elle a épousé un chef d'orchestre.» Qu'épouser un chef d'orchestre soit *le contraire* de mourir était (et reste) un scoop. Le directeur du magazine *Noir et blanc* était un homme malicieux qui devait admirer un livre épatant de ce temps-là, *La réalité dépasse la fiction.* On trouvait, dans ce bouquin, les meilleures bêtises du moment. Comme pendant l'Occupation de nombreuses rues avaient été débaptisées, elles retrouvèrent, la Libération venue, leurs anciens noms. Dans un village tranquille, le maire avait voulu participer au mouvement général, si bien qu'on pouvait lire sur une plaque neuve : «rue de la Porte jaune», et au-dessous, en petits caractères : «anciennement rue de la Porte jaune».

(Je ne peux pas m'empêcher de citer la perle : «Ne quittez pas Lourdes sans visiter Pau.»)

Comme vous l'avez deviné, il y a des livres importants dont je ne dis rien. Si je n'en dis rien, ce n'est pas par fantaisie ou par contestation. Si je n'en dis rien, c'est que leur monumentalité m'en dispense. Quelqu'un qui revient d'Égypte n'est pas obligé de parler pyramides. À l'intérieur de ce bouquin, je ne cherche pas à donner des avis valables : j'essaie de dire, quand l'occasion se présente, ce qui m'a intéressé.

Par exemple, je voudrais tenter de dire pourquoi *Le Dernier des justes* d'André Schwarz-Bart a été, pour moi, un livre surprenant. Faisons un détour.

J'ai déjà dit tout le mal que je pensais du catéchisme. Je n'ai rien lu de plus insipide. À cause du catéchisme, toute idée de foi me paraissait suspecte. Au lycée, mes amis juifs étaient aussi peu religieux que moi. Nous étions de francs laïcs. Je suis resté sur cette lancée pendant une bonne dizaine d'années. Mes amis juifs des années cinquante étaient – ou n'étaient pas – politiquement engagés mais chez les uns et les autres, la religion paraissait – carrément – absente. Comme tout le monde, je connaissais un peu la Bible : en touriste. C'est dans cet état que j'ai lu *Le Dernier des justes*. André Schwartz-Bart nous parlait d'hommes qui vivaient, demeuraient à l'intérieur du Talmud. Et cela se passait hier *et* aujourd'hui. Aujourd'hui portait hier en lui, avec espérance. Le livre est un roman mais, du fait d'être vécue, la fiction devenait pensée, cohérente, prête à fonctionner. Certes, la fiction m'était étrangère : je n'y avais pas droit. Moi, j'avais droit au catéchisme. C'est donc avec une surprise émerveillée – naïve – que j'ai lu *Le Dernier des justes*. Et la surprise a continué quand, plus tard, mon ami Bober m'a donné à lire les *Récits hassidiques*, et *Gog et Magog* de Martin Buber. C'est rare, une surprise qui continue de surprendre. Encore un mot sur *Le Dernier des justes*. Ce

121

livre a eu un immense succès. Je crois même qu'il a eu un prix. Peu importe : c'est un livre intime.

Je ne sais pas ce que j'envie le plus aux rabbis de *Gog et Magog*. Le fait de savoir par cœur tout ce qu'ils savent ? Le fait d'avoir le Livre en mémoire ? Oui, je crois que je leur enviais cet avantage : être à soi-même son propre ordinateur. Si Freud n'avait pas exercé sa mémoire selon la tradition, eût-il réussi à rapprocher ce qu'il a rapproché ? Il ne suffit pas de savoir à un moment donné quelque chose. Il faudrait – comment dire ? – savoir en même temps tout ce que l'on sait. Ce serait cela le présent. Flaubert semble avoir éprouvé cette nostalgie en relisant la première partie de *Bovary* :

«Je voudrais d'un seul coup d'œil lire ces cent cinquante-huit pages et les saisir avec tous leurs détails dans une seule pensée.»

Parce que la mienne n'est pas fameuse, la mémoire m'intéresse beaucoup. Ce qui me touche le plus chez Valéry, c'est qu'il lui suffisait d'entendre Mallarmé lire une poésie pour la savoir par cœur.

Naturellement, les téléspectateurs des années soixante me font plaisir lorsqu'ils évoquent le souvenir de «Cinq colonnes à la une». Ils en parlent comme d'un cadeau reçu. C'est ce qu'avait souhaité Pierre Lazareff. Il avait eu l'idée d'une soirée d'information qui aurait tous les mois l'audience d'un grand spectacle. Le mot «audience» n'avait pas le même sens qu'aujourd'hui. Aujourd'hui, l'audience désigne un ensemble de clients virtuels. Il y a quarante ans, l'audience était l'ensemble des invités présents.

Pierre Lazareff nous a demandé de réaliser cette idée qu'il avait. Par «nous», j'entends : Igor Barrère, Pierre Desgraupes et moi. Éliane Victor était responsable de la logistique et de la diplomatie. Elle avait fort à faire. L'arrivée de Pierre Lazareff à la télévision a été un événement discret mais important. Grâce à lui – à l'importance justement qu'il avait – «Cinq colonnes» a eu des moyens que la télévision n'aurait jamais osé se donner à elle-même. Des moyens qu'il était, auparavant, inconcevable d'espérer. Techniquement, les débuts de «Cinq colonnes» ont coïncidé avec la mise au point (pour le format 16 mm) des caméras synchrones. Enfin, grâce à Pierre Lazareff, nous avons eu l'aide et l'appui des correspondants de *France-Soir*.

Mais Lazareff avait lui-même un immense carnet d'adresses dans la tête. Il savait comment le monde marchait. Il savait à qui téléphoner pour avoir une nouvelle qui lui manquait. Il connaissait les horaires de tout ce qui en avait un. S'il lui arrivait de se tromper c'est que le monde parfois s'arrête. Un tel qui était roi : le voici assassiné. Il y a des décalages comme ça. Comme quand le bouchon qui soutient le pied de la table se dérobe. Le monde ainsi devient bancal pendant un peu de temps. Pierre n'aimait pas ça. Lazareff s'intéressait à tout, était curieux de tout. Il parlait très vite, mais il écoutait bien – quand il y avait lieu d'écouter. Il aimait deviner. Il aimait rire. Lui-même était irrésistible : je n'ai pas connu un homme plus séduisant. Côté métier, il exigeait la clarté, ne supportait pas les abstractions. Un problème devait être exposé à travers un homme. Il fallait toujours avoir un homme à regarder en face.

Aujourd'hui quand je m'interroge sur «Cinq colonnes», je trouve quelques reproches à me faire. Prenons un exemple. En 1959, je suis allé en Iran avec le journaliste Édouard Sablier, qui connaissait très bien ce pays. Sa Majesté le Shah d'Iran nous avait accordé une audience et le droit de la filmer. En fait, ce fut à peine un entretien. Nos questions – à force d'être discutées par les ministres – étaient si courtoises qu'elles étaient à peine des questions. Les réponses de Sa Majesté coulaient de source en excellent français. Bref, l'ensemble, à l'antenne, fut, pour mon goût, ennuyeux. Mais c'était le Shah d'Iran recevant les caméras de «Cinq colonnes», s'adressant à chaque Français, etc. Certes, tout le monde était curieux de regarder parler cet homme qu'on voyait si souvent en photographie dans la grande presse depuis qu'il avait partagé sa majesté avec la plus belle femme du monde : la princesse Soraya.

Justement : quand nous sommes allés à Téhéran, le drame était consommé : Soraya n'était plus là.

Résultat ? Dans les bureaux des ministres, on voyait au mur la photographie du Shah et, un peu à droite, un clou. Le portrait de Soraya avait été décroché mais le clou était resté. Partant, le portrait du Shah n'était pas recentré.

Bref, il y avait dans cette histoire de clou – comme si on attendait une nouvelle venue – une décontraction qui ne ressemblait pas au pouvoir dont le Shah voulait donner l'image.

Le plaisant malaise nous fut confirmé par la visite du palais. Nous étions guidés par un jeune officier, contracté d'apparence, mais dont les paroles et l'intonation étaient libres. Il nous dit, montrant les tapis sur lesquels nous marchions : «ses tapis». Il nous dit, montrant des diamants sous vitrine : «ses diamants». Il nous dit, montrant dans le parc un avion prêt à s'envoler : «son avion». Ce jeune officier n'avait d'yeux que pour le colonel Nasser : il méprisait, ostensiblement, son empereur.

Sachant que nous devions filmer le Shah, l'armée refusa de nous prêter son projecteur. C'est le projecteur de la télévision privée – celui qui servait à éclairer la speakerine – qui nous a sortis d'embarras.

Sablier connaissait, à trente kilomètres de Téhéran, l'équivalent d'un bistrot sympathique. En y allant nous n'avions croisé personne sur la route. Au dessert nous vîmes arriver un motard du palais qui venait nous prévenir : notre rendez-vous était avancé d'une heure. Comment le motard avait-il su que nous étions là ?

Venons-en au commencement : juste avant d'atterrir à Téhéran, je m'aperçois que j'ai oublié mon passeport de santé ; normalement, je vais être refoulé. Sablier me dit : «Surtout, tais-toi, laisse-moi faire.» Nous voici au contrôle, devant l'officier qui parle un français parfait. Je me tais.

Sablier déclare : «M. Dumayet n'a pas son passeport de santé sur lui.»

L'officier : «Dans ce cas je ne peux pas laisser M. Dumayet débarquer.»

Sablier : «Nous avons obtenu une audience de Sa Majesté.»

L'officier : «Où se trouve le passeport de santé de M. Dumayet?»

Sablier : «Dans sa valise. »

Silence. Je me tais plus fort. L'officier ne me demande pas de lui présenter ma valise.

L'officier : «M. Dumayet peut-il m'écrire une lettre?»

Sablier : «Certainement.»

Et, devant l'officier, Sablier me dicte une lettre. La voici :

Monsieur l'Officier,

Je soussigné m'engage à vous remettre, si je le retrouve, mon passeport de santé qui est actuellement dans ma valise.

C'est alors que l'officier, pour la première fois, me regarde. Il me dit :

«Ne pourriez-vous pas ajouter "éventuellement"?»

J'ai obéi avec plaisir. Je n'oublierai jamais son regard amusé. Il était heureux d'avoir eu l'idée d'employer cet adverbe pour délivrer un citoyen français de tout engagement. Il avait appris le français à Grenoble où il avait fait ses études d'ingénieur. Et c'était clairement par amitié pour la langue française qu'il me laissait débarquer. Sa Majesté n'y était pour rien.

Lorsque je parlais de «reproches» tout à l'heure, je voulais dire ceci : je regrette de n'avoir pu intégrer à ce «sujet sur l'Iran» ces histoires de clous, de tapis, de projecteur et de passeport qui auraient donné de l'Iran d'alors une idée plus juste. Est-ce un vœu pieux ? Partiellement, oui. La scène du passeport n'eût pas été facile à tourner. Et la visite du palais ? Et le clou ? Je ne sais pas. Certains documentaristes ont toujours leur caméra à l'œil. Est-ce l'avenir ? Le certain est qu'il faudrait faire bénéficier les spectateurs de *tout* ce qui entoure le sujet qu'ils regardent.

(Et les prisons ? me dira-t-on. Certes, mes petites histoires n'ont aucune importance. Par rapport aux prisons surpeuplées de l'Iran de 1959, mes petites histoires de clous n'ont d'importance que si on les compare aux paroles creuses de Sa Majesté.)

Bien entendu, ces remarques ne concernent pas les reportages de Roger Louis en Algérie ou au Congo. Ni ceux de René Puissesseau, qui a été tué sur place. Lorsqu'un sujet est brûlant, on peut se passer de ce qui l'entoure. On s'en passe parce que c'est l'usage, mais j'espère qu'un jour on réussira à incorporer l'environnement du tournage dans «ce qui passe à l'antenne ».

Il arrive que l'environnement se trouve résumé dans une seule image.

Exemple : au Chili, en 1962, Jacques Krier étant réalisateur. Nous sommes dans un immense domaine qui fut la propriété d'un poète, Vicente Huidobro, que les surréalistes ont bien connu. Dans la maison du maître, des portraits de lui par Picasso. Aujourd'hui (en 62) c'est son fils qui dirige la terre. Ce n'est pas seulement une exploitation agricole, c'est un pays avec des écoles, des instituteurs, une petite banque. Nous sommes en voiture. Nous roulons doucement : l'intendant, à cheval, nous guide. Nous venons de filmer la paye des ouvriers. Nous allons devant nous. Bientôt nous allons oublier que nous sommes *chez* quelqu'un.

Au loin, un paysan est assis sur une chaise. Bien entendu, nous pouvons lui parler. Ce paysan est un ouvrier. Il dispose, pour lui, d'un bout de terrain. Il est libre d'y semer ce qu'il veut. *Comme si* le terrain était à lui. Alors, je dis à l'intendant :

– Voulez-vous lui demander : «Si ce terrain était à vous, est-ce que ce serait pareil ?»

L'intendant traduit. L'homme assis ne répond pas, regarde l'intendant pour être sûr d'avoir bien compris, puis se tourne vers moi qui ai posé cette drôle de question. Et il sourit longuement, longuement, sans répondre. Si Krier avait crié «Coupez!» ou si je ne m'étais pas tu, le si long sourire n'aurait pas été conservé. Ce si long sourire était à lui seul une belle image. Il est arrivé tout simplement, sans préméditation : par chance.

Mais la chance n'est pas toujours là, même lorsque tout paraît bien commencer. Ainsi, un jour, une caméra s'est mise à voir dans la nuit, comme en plein jour. Elle captait la lumière «résiduelle». On pouvait donc, avec cet appareil, tourner en pleine nuit. Mais : que tourner ? Il faudrait, nous disions-nous, trouver un sujet qui refuse d'être éclairé. Bêtement, je pense aux tables tournantes. Les esprits détestent les projecteurs. Sans lumière, peut-être, les esprits accepteraient de frapper ?

Mes amis ricanent, mais me laissent tenter l'aventure.

Première déception : j'apprends, de bonne source, qu'en France, pour l'instant, il n'y a pas le moindre « médium à effet physique ». C'est vraiment une malchance. Il y a bien, en Belgique, une dame, mais elle est trop âgée, vraiment. Mon correspondant est inquiet. Surtout, me dit-il, si vous faites l'expérience, ne prenez pas n'importe qui. Si vous tombez sur un type sans moralité, vous allez avoir une image déplorable : rien n'est pire à voir qu'une âme laide.

Bon : je vais voir ailleurs. On me donne l'adresse d'un médecin. Le bon docteur me demande si «ma» caméra peut filmer à travers un mur. Non, dis-je. Bon. Quelqu'un me parle de Mitsou, ou plutôt d'une Américaine qui ne sort jamais sans Mitsou. Mitsou est son double. Mitsou est une petite fille. Quand l'Américaine va dîner chez ses amis, il y a toujours un couvert pour Mitsou.

L'ami de l'Américaine m'appelle, ravi : Mitsou aime beaucoup «Cinq colonnes». Elle veut bien.

Je ne sais pour quelle raison : au dernier moment, Mitsou n'a plus voulu. Son couvert était mis pourtant.

Je pourrais vous raconter la suite des échecs, mais comme elle est un peu longue – certaines scènes se passent dans une piscine creusée à même une commanderie de Templiers – je préfère passer à la fin. Avec cette admirable caméra, longue de trois mètres, nous avons filmé des lions qui passaient la nuit dehors, au zoo de Vincennes. Les lions dormaient. C'était passionnant. Quand il m'arrive de voir un lion, je pense à Mitsou. Je ne lui en veux pas. Comme je n'en veux pas aux écrivains qui refusent de passer à la télévision.

Je ne suis pas sûr, au fond, de ne pas leur en vouloir un peu. Ceux qui ont dit «non» refusent à leurs futurs lecteurs une image complète d'eux-mêmes. On aura leur voix, leur photographie, mais on n'aura pas d'eux ce synchronisme (voix-visage) qui est la marque particulière de chacun. Au fait, a-t-on la voix d'Henri Michaux ?

Je viens de parler d'image complète. Je ne profite d'aucune association d'idées. Ou plutôt je sais depuis longtemps que je veux, à un moment ou à un autre, évoquer *L'Ivrogne dans la brousse* d'Amos Tutuola. C'est un livre merveilleux que Raymond Queneau a traduit de l'anglais en 1954. Tutuola écrit en anglais – un anglais très personnel – mais sa langue est le yoruba qui se parle au Nigeria. C'est l'histoire d'un homme jeune qui ne fait rien, sauf boire du vin de palme. Or son malafoutier – qui tirait, pour lui seul, le vin de ses palmiers – vient de mourir, le laissant sur sa soif. Il va donc le chercher parmi les morts. S'en suit une randonnée monstrueuse. Un jour, au marché, il aperçoit une fille qui admire un homme «complet». La fille est fascinée, tellement l'homme est complet. Elle le suit, puisqu'il rentre chez lui. Malheureusement pour elle, cet homme complet est honnête. Il rend successivement tous ses membres à ceux qui les lui ont prêtés. En premier, il rend son bras droit, puis le gauche. Etc. Bientôt, il n'a plus que sa tête à lui. Une tête qui saute, qui effraye. Vous devez lire ce livre, absolument. Pendant que vous le lirez, votre tête marchera autrement. C'est comme une cure. L'histoire de l'homme complet est le millième du livre. Environ.

Ce livre de Tutuola, je l'ai souvent pris avec moi. Il suffit d'en lire quelques pages, quelques lignes même, bref il suffit de l'ouvrir, le soir, pour mieux s'étonner de ce qu'on a vu ou entendu dans la journée. Je l'avais avec moi, ce bouquin, le jour du trappiste. Je m'explique. Je crois que ça se passait du côté de Poitiers. Un petit patelin. Une famille de neuf enfants. Les enfants avaient entre soixante et quatre-vingts ans. Ils avaient – tous – passé leur vie dans les ordres. Et par je ne sais quelle courtoisie du Bon Dieu, ils avaient la permission de se retrouver tous ensemble au pays, même ceux qui étaient cloîtrés, pour une semaine je crois. Nous avons fait l'interview du trappiste. C'était un homme très sympathique : il ne trouvait pas bizarre qu'on lui posât des questions. Il souriait, répondait. J'ai compris assez vite qu'il y avait eu deux sortes de nouvelles pour lui, au cours de sa vie de moine :

les nouvelles qu'il n'apprenait pas et les nouvelles données au réfectoire.

– La guerre? lui ai-je demandé, comment avez-vous su qu'il y avait la guerre? Comment avez-vous su qu'elle était finie?

– On nous l'a dit au réfectoire.

Quand notre trappiste nous a dit qu'il avait appris la nouvelle au réfectoire, j'ai jubilé sans la moindre méchanceté. J'étais surpris naturellement qu'un homme seul par vocation fasse cette confidence à une foule d'hommes et de femmes. Mais comme il n'y avait aucune affectation dans la réponse du moine, il y avait beaucoup d'admiration dans mon plaisir de l'entendre. Ainsi, pendant une cinquantaine d'années, notre trappiste avait fait confiance aux autorités du réfectoire, sans éprouver la sympathie ou l'antipathie qu'il nous paraît normal d'avoir pour les événements – quand ils nous plaisent ou nous dégoûtent comme s'ils étaient des gens.

Les retrouvailles de ces frères et sœurs m'ont appris quelque chose. L'article de journal qui nous avait mis sur la piste était écrit au futur. Dimanche prochain, disait-on, ces frères et ces sœurs, après une vie d'absence, vont se revoir. En réalité, la fête avait eu lieu. Pourquoi, dans ces conditions, écrire au futur ? Je crois comprendre : lorsqu'il s'agit de petits faits, le futur est recommandé. Dans aucun journal, personne n'écrit jamais : Suzanne et René se sont fiancés la semaine dernière. Au futur, la nouvelle est plus gaie, plus fière : nous sommes heureux d'être les premiers à vous l'apprendre : Suzanne et René vont se marier mardi.

Inversement, il arrive que le futur soit désespérant. Dans une rue proche de Cognacq-Jay, une boutique avait fermé, laissant s'ouvrir à sa place un «cours d'organisation». De la rue on voyait des bancs et peu d'élèves assis, regardant vers un tableau noir. Quelques mois plus tard, il n'y avait plus personne, et le tableau noir disait : «Le cours d'organisation est reporté à plus tard.»

Même lorsqu'il s'agit de sujets tragiques, on rencontre parfois des bizarreries comparables au choix du futur pour raconter un passé récent.

J'avais lu dans un célèbre hebdomadaire le témoignage d'une amie d'Anne Frank. Elle racontait son dernier souvenir. Un épais mur de paille séparait en deux le camp. Elle avait réussi à faire un trou dans ce mur. Elle avait vu Anne par ce trou.

En Israël, je vais voir cette jeune femme qui avait été l'amie d'Anne Frank. Elle me dit : « C'est vrai, nous étions séparées par un mur. Mais je ne l'ai pas vue. Je savais qu'elle était là. Je l'ai appelée. Elle m'a reconnue. Je lui ai lancé un bout de pain. J'ai entendu qu'on le lui prenait. Je l'ai entendue crier. C'est tout. »

Pourquoi avoir substitué voir à entendre ? Parce que c'est mieux de voir ?

Je garde un bon souvenir de Mai 68. Presque tout le monde avait le même âge. Presque tout le monde avait raison. Finalement, tout le monde a eu tort. Les arbitres nous ont sanctionnés : nous étions hors jeu. Définitivement : le ballon était perdu. Pour avoir joué avec le ballon, je fus puni : privé d'antenne pendant un an. Interdit d'antenne, plus exactement. Les patrons de RTL, Jean Faran et Raymond Castans, me recueillirent. Je fis, à RTL, le «journal de 19 heures», aidé par Philippe Gildas, qui était sympathique. Aussitôt «après Mai», Deutchmeister, un producteur important, me demanda d'écrire avec Jean Aurenche une adaptation de *La Chartreuse de Parme*. Nous l'écrivîmes à Biot, pour Autant-Lara. Le scénario terminé, le film ne se fit pas.

Deutchmeister était un homme intéressant. À vue d'œil, il pesait bien une centaine de kilos, mais il disait volontiers : «Moi, midinette», quand on lui proposait un texte trop compliqué. C'est lui qui produisit *Mourir d'aimer*, le film d'André Cayatte qui racontait l'histoire, si triste, de Gabrielle Russier. Cayatte m'avait demandé d'écrire, avec lui, l'adaptation et d'écrire, tout seul, les dialogues. Le film, avec Annie Girardot, eut un grand succès. Ce qui me permet de donner un conseil aux jeunes gens. Comme je n'avais pas d'«agent» à l'époque, j'eus un mauvais contrat. Dès le film suivant, j'eus un bon agent et un bon contrat. Mais le film suivant n'eut aucun succès. C'est «la première fois» qu'il faut avoir un bon contrat. Tel est le conseil.

Je suis passé un peu trop vite sur la lecture de *La Chartreuse de Parme*. Lire une œuvre pour l'adapter au cinéma – ou à la télévision, peu importe – est un travail d'approche difficile. Françoise me rassurait : elle avait fait, pour Jean Prat, une très bonne et très juste adaptation d'une œuvre de Barbey d'Aurevilly : *Le Bonheur dans le crime*. Mais Stendhal m'effrayait. Je me demandais comment exprimer l'effroi que causa à certains la «terrible nouvelle» : la nouvelle du débarquement, retour d'Elbe, de Napoléon. Je me souviens avoir lu *La Chartreuse* avec cet acharnement qui fait sourire mes amis. L'acharnement correspond au besoin de s'accrocher au texte. J'aime bien qu'un livre soit posé sur une table. Être assis, l'avoir devant soi. Mais il arrive – souvent – que le texte soit plus fort que le lecteur. Peu à peu le livre se redresse, se cabre, devient vertical. Aussitôt, comme pour ne pas tomber, le lecteur se raccroche à tout ce qui dépasse, à tout ce qui fait touffe : à des détails auxquels on donne une importance qu'ils n'auraient pas si le livre était, sagement, resté couché. Plus un détail est répété, plus il devient important. Exemple : se faire voler son cheval est (peut-être) un détail, mais comme Fabrice se fait souvent voler son cheval, il faut savoir exactement combien de fois cet accident lui arrive – et se demander ce que la répétition veut dire. Heureusement, dans le jardin d'Autant-Lara, il y avait une personne charmante qui nous aidait, Aurenche et moi. C'était un papillon jaune, commun mais très gai : il nous avait apprivoisés. Il nous répondait.

C'est un soir, et presque tard, que Pierre Lazareff m'apprit la mort de Deutchmeister. Mes relations avec mon producteur étaient bonnes mais ne justifiaient pas cet empressement de Pierre. C'est autre chose qui avait motivé Pierre Lazareff : l'étrangeté du coup de fil que venait de lui donner le responsable des pages spectacles de *France-Soir*. Je crois pouvoir décrire ce coup de fil ainsi :

Le responsable : «Allô, Pierre ? Deutch est mort. Je suis emmerdé. Il était en salle de projection. Je suis très emmerdé. »

P.L : « Pourquoi es-tu si emmerdé ? »

Le responsable : « Écoute, Pierre : je n'ai pas pu savoir quel film il regardait.»

Pierre Lazareff savait bien qu'il exhortait ses officiers et ses troupes à «savoir tout ce qu'ils pouvaient savoir», mais il me semble que, ce soir-là, Pierre avait trouvé qu'il était, parfois, trop écouté.

Après la mort de Deutchmeister, ce fut le directeur de la comptabilité qui se fit producteur. Le succès de *Mourir d'aimer* lui avait donné des ailes. Il signait des contrats superbes. Un jour qu'il allait s'envoler pour Rome, il passa me voir et ouvrit devant moi son attaché-case. J'y vis le superbe contrat qui allait être signé par Sophia Loren. Et, à côté, tout à côté du contrat : un os en caoutchouc vert. Je m'étonnai.

«Tu vois, me dit-il, j'ai rendez-vous demain matin avec Sophia et Ponti. Aussitôt après, je rentre. Donc, je n'aurai pas le temps d'acheter quelque chose pour mon chien. Tu le connais : si je ne lui rapporte rien, il va me faire la gueule. Alors je lui ai acheté un os avant de partir.» Quand vous voyez passer un attaché-case très pressé, dites-vous qu'il a peut-être en lui un os en caoutchouc vert.

Après Mai 68, les émissions que nous avions pris l'habitude de faire cessèrent comme par enchantement («Lectures pour tous», «En votre âme et conscience»). «Cinq colonnes» survécut – l'Élysée ne voulait pas se permettre de jeter Pierre Lazareff –, mais dut changer de titre. Ai-je été réellement interdit d'antenne? Oui et non. Très amicalement, Pierre Sabbagh me commanda une série d'émissions pour l'année suivante. Cette série d'émissions était de telle nature qu'on ne devait pas diffuser la première avant l'enregistrement de la dernière. C'est qu'il y avait un piège – qu'il ne fallait pas dévoiler. L'idée était de Jean Frapat, qui est un merveilleux inventeur. Le dispositif était le suivant. Sagement, la série était intitulée «Vocations». Nos invités – un seul par émission – étaient des personnalités sympathiques – pas toujours célèbres – dont on pouvait penser qu'elles avaient choisi leur métier par vocation. Il y avait une grande comédienne (Sylvie), une religieuse (sœur Van der Mersch), un psychiatre (le Dr Syvadon), etc. Bien. Lorsque notre invité arrivait dans le studio, nous nous mettions à nos places et nous préparions l'entretien. Au bout d'une vingtaine de minutes, nous disions que nous étions prêts. Silence. Clap. L'enregistrement commençait : le ton changeait. À la fin de l'entretien, je disais : «Je vous remercie. Mais je dois vous faire un aveu : nous avons été enregistrés *dès* la préparation de l'entretien. Je vous propose de regarder la séquence : si elle vous déplaît, nous l'effacerons sous vos yeux.»

145

Aucun invité n'a protesté. Naturellement, pendant que nous regardions la séquence dite de préparation, nous continuions d'être enregistrés. Comme entre la «préparation» et «l'entretien» le ton de l'invité changeait, passant de la bonhomie au sérieux, l'invité était surpris par lui-même. Se voyant se donner un coup de peigne et changer d'intonation, le Dr Syvadon dit : «Ce qu'il est bête, cet homme-là!»

Tout cela était enregistré. Le Dr Syvadon nous donna une belle leçon de modestie. Il voulut une copie pour la montrer à ses étudiants. Afin qu'ils évitent de parler docte et de perdre leur naturel.

Sœur Van der Mersch est liée dans ma mémoire à Mai 68. Elle était, par nature, soixante-huitarde. Avant notre première rencontre, je lui demande, par téléphone, où se trouve son couvent. «Vous ne pouvez pas vous tromper, me dit-elle, il est à côté de la Maison des syndicats.» Je ne savais pas où se trouvait la Maison des syndicats. J'ai (quand même) trouvé le couvent. À Paris.

Très amicalement, – ce qui mit fin à mon *interdiction* – Éliane Victor, qui produisait sur la troisième chaîne une émission qui occupait tout le dimanche après-midi, me proposa de traiter un invité de taille : la Fondation Maeght, à Saint-Paul-de-Vence. Nous connaissions bien, Françoise et moi, la galerie Maeght depuis la surprenante exposition surréaliste qui y eut lieu en 1947. Le catalogue était orné d'une paire de seins, en relief. Je ne sais plus : peut-être n'y avait-il qu'un sein. Mais : en relief. Ça, j'en suis sûr. Quoi qu'il en soit, nous allions régulièrement voir les expositions de la galerie, rue de Téhéran, mais nous ne connaissions pas les Maeght. Notre « correspondant », là-bas, dans les années cinquante, s'appelait Clayeux. Ensuite, il y eut Jacques Dupin et Daniel Lelong puis, plus tard, Jean Frémon.

Dupin, Frémon : ce sont là des noms qui recouvrent des œuvres : les vrais amateurs de poésie et de littérature les connaissent bien. C'est pourquoi nous aimons retrouver dans cette galerie, qui porte depuis presque longtemps le nom de Daniel Lelong, les peintures d'Alechinsky. C'est un bon endroit pour elles, me semble-t-il. Pour les sculptures de Chillida aussi. Depuis cinquante ans le mur du fond est toujours là. C'est la plus grande surface de la galerie. Les jours de vernissage, on ne voit pas, de loin, ce qu'il supporte. C'est un jeu. Il faut fendre la foule, apercevoir un morceau, reculer, écraser quelques pieds. Revenir ? Oui. Ce mur du fond, je ne l'ai jamais vu vide, sans rien. Il faudra que je demande à Daniel de me le montrer. Exposer les murs ? Ce serait une idée.

Si bien que lorsque Éliane Victor organisa un déjeuner pour me présenter aux Maeght (Marguerite et Aimé), je ne m'attendais pas du tout à devenir l'un de leurs nombreux familiers. Je crois que j'ai, sans le vouloir, bien composé mon menu. J'ai demandé des sardines grillées.

Aussitôt, Guiguitte (Marguerite) a renoncé au plat qu'elle avait choisi. Bien sûr, elle voulait des sardines grillées. C'était bon pour son accent. Elle n'avait pas osé en commander : par peur d'être seule à en prendre. Manger seule des sardines grillées est triste. Bref, nous avons parlé sardines pendant un bon quart d'heure. Ensuite – trois mois plus tard – l'émission s'est bien passée. En exagérant un peu : car les déplacements imaginés et voulus par Raoul Sangla m'ont fait plusieurs fois perdre le nord. Sangla voulait tout montrer. Avec raison, la Fondation est superbe. Le «dedans» comme le «dehors». Le dehors (Braque, Calder, Chillida, Miro, Talcoat) pourrait être dedans. Et les Giacometti donc. Cette émission m'a fait connaître Miro, Chillida, Adami, Rebeyrole, Bury, Palasuelo; elle a eu lieu au printemps 1969. Giacometti était mort depuis trois ans. Comme Brauner. La même année.

Guiguitte aimait très bien les gens qu'elle aimait bien. Elle n'aimait pas bien du tout les gens qu'elle n'aimait pas. Elle aimait jouer aux cartes. Elle aimait Reverdy. Elle en parlait très bien. Elle aimait les portraits que Matisse avait faits d'elle. Elle aimait Bonnard et Giacometti. Et Bazaine. Et Chillida. Et Miro. Et Palasuelo. Et Ubac. Et Talcoat. Talcoat qui, lui, aimait fabriquer des couleurs d'après des vieilles recettes. Parfois les couleurs tombaient, pendant la nuit. Guiguitte en riait encore. Et les souris de l'exposition de 1947! Quelle peur! Les surréalistes avaient mis des souris dans leurs œuvres. Mon Dieu, quelle histoire. La vie était une soupe au pistou. Tan-

tôt bonne, tantôt ratée. Guiguitte aimait
sainte Roseline. Elle lui avait remis en état sa
chapelle. Elle se foutait des oiseaux. C'est
Aimé qui avait voulu une volière. Elle aimait
Adrien, son fils, et ses petits-enfants. Elle
aimait qu'il fasse beau. La chapelle dédiée à
Bernard, l'enfant mort, avait besoin de soleil,
avec ses vitraux de Braque.

Giacometti, je l'ai rencontré vers 1960. J'avais à faire un entretien avec lui, pour *Le Nouveau Candide*, cet hebdomadaire que Pierre Lazareff souhaitait neutre, mais qui avait tendance à rouler au centre droit. Comme malgré lui. Ça m'agaçait, mais j'y faisais ce que je voulais. Une page entière par semaine : c'était stimulant. Le vrai patron était Max Corre, que nous avions pratiqué pendant quelques mois, Desgraupes et moi, au rewriting de *France Dimanche*. Il fallait le voir arriver, vers deux heures du matin, retour de chasse. Je me souviens des cuissardes. Il trouvait tout mauvais, dessinait une page. Il n'y avait plus, ensuite, qu'à remplacer les gribouillis du patron par des textes. Roger Grenier était le spécialiste de ces métamorphoses. Avec l'âge, Max Corre s'était assagi. Mais il avait gardé une habitude étrange : il laissait sur les meubles de son bureau directorial les étiquettes que l'antiquaire y avait mises, pour en indiquer le prix. Des étiquettes minuscules. Je ne me souviens d'aucun prix. Bêtement, je n'ai jamais posé la question : pourquoi laisses-tu ces étiquettes ? Je crois que je pressentais une réponse puérile, du genre : « C'est pour te faire parler. » Ou peut-être une réponse métaphysique. Plus j'y réfléchis, plus ces étiquettes me troublent. Je me demande si je ne les ai pas rêvées. Je ne crois pas.

Au fond, ce qui m'intéressait, c'était – puisqu'on me donnait une page – de faire, dans cette page, un « quelque chose » qui n'aurait pas eu lieu, si la direction du journal avait gardé cette page pour elle. Par cette dernière phrase, alambiquée, certes, j'essaie d'indiquer la distance qui séparait Giacometti de l'acajou étiqueté. Giacometti se moquait de l'acajou, mais j'ai pu faire une page sur lui dans *Candide*. Giacometti ne connaissait que le plâtre et la terre. Le bronze est autre chose :

on ne peut plus rien changer. Quarante ans après, je reste heureux d'avoir écouté, regardé, Giacometti pendant tout un après-midi, dans son atelier. Ce qu'il disait était une plainte gaie. Une plainte : il n'arrivait pas, disait-il, à faire une tête – la commençait bien, puis à force de s'approcher de la vérité, la tête devenait toute petite, finissait par être une boulette, disparaissait. Il fallait s'arrêter à temps. Mais s'arrêter n'était pas normal. La gaieté, c'était de continuer, tout en sachant qu'à la fin, la tête serait perdue. Pas une seconde, je n'ai vu Giacometti immobile. Il n'allait pas toujours au bout d'un geste commencé. Le geste était cassé, repartait d'un autre côté. Il suffit de regarder les photos de Giacometti : on voit que sa veste n'en peut plus de suivre ses mouvements. Seul le bronze est calme. La parole de Giacometti ne cherchait pas à imiter ses sculptures. Elle disait plutôt le contraire, comme si le but n'était jamais atteint. Comme si l'œuvre était la moitié d'un travail. Comme si l'autre moitié restait à faire, à réussir. Il y a, chez Van Gogh, des phrases qui veulent dire ça, à son frère Théo.

J'ai dit naïvement tout à l'heure que «j'avais écouté Giacometti tout un après-midi». C'est que c'est beaucoup de temps, un après-midi. C'est un don de temps, généreux, de la part d'un artiste.

Pierre Alechinsky dans la vie quotidienne, amicale, ne fait presque pas de gestes. Il les intériorise et nous les restitue par ce qu'il dit : son langage, spontanément, est écrit – de la main gauche probablement. Ses mouvements, grands et précis, il les réserve au dessin de la ligne qu'il mène à son terme, c'est-à-dire nulle part.

Quand nous avons réalisé, Bober et moi, une émission sur lui, Pierre a bien voulu faire une «encre sur papier» devant la caméra. Mais il ne faut pas croire que nous l'avons vu peindre. On ne *voit* jamais un peintre peindre, un écrivain écrire. Même la mère de Flaubert, qui était tout le temps là, n'a jamais vu son fils écrire. Qui a vu un écrivain écrire ? *Ça* peut se photographier, mais *ça* ne se voit pas. On ne voit jamais rien, même pas les batailles. Peindre ou écrire ne sont pas des actes visibles. Les gestes sont apparents, mais l'acte, aussitôt fait, se cache dans la peinture ou l'écriture.

Nous venons de recevoir une invitation du musée d'Autun qui présente les œuvres données par André et Monique Frénaud. L'œuvre poétique de Frénaud est ardente. Si vous ne la connaissez pas, approchez-vous d'elle. Je parle d'André Frénaud pour en finir avec 1968. Le carton d'invitation d'Autun reproduit en son centre un portrait de lui par Bazaine daté de 68. Derrière les yeux, le regard large fait deviner le port de tête et la fierté de Frénaud. Le visage est d'un seul tenant. À gauche, le front n'existe pas mais quelques cheveux, à droite, font la haie, rétablissent l'équilibre. Le visage s'inscrit dans un rectangle. Rectangulaire, comme le sont les billards et, souvent, les tables de café pour quatre.

Rappelez-vous : Jean Tardieu regrettait qu'il n'y ait pas (en français) un seul verbe «pour signifier l'acte qui consiste à boire un verre de vin blanc avec un camarade bourguignon au café des Deux Magots vers six heures un jour de pluie en parlant de la non-signification du monde, sachant que vous venez de rencontrer votre ancien professeur de chimie et qu'à côté de vous une jeune femme dit à sa voisine : je lui en ai fait voir de toutes les couleurs tu sais ». Le Bourguignon était sûrement Frénaud.

C'est étrange : deux éditeurs me demandent d'écrire quelques pages, l'un (Le Dilettante) sur Nicole Vedrès, l'autre (le Castor astral) sur Max-Pol Fouchet, au moment même où, à l'intérieur de ce livre, je suis (comme) avec eux. Le regard de Nicole avait été rendu célèbre par son film *Paris 1900*. Nicole était un écrivain dont la parole était un don – était reçue comme un don. Elle disait ce qu'elle avait vu. Mais elle était la seule à avoir vu ce qu'elle avait vu. À partir de détails – le geste d'une mercière pour présenter un ruban ; un gosse renouant son lacet mais gêné par sa cape – elle faisait un spectacle. Son regard était tendrement aigu. Sa voix, rarement étale, montait ou descendait, comme pour décrire, mieux, de la tête aux pieds, une tête ou un pied.

Quiconque l'écoutait était heureux de l'entendre. Il y a une dizaine d'années, une soirée de projections lui a été consacrée. J'étais, avec Claude Santelli, sur le podium. Quand la lumière est revenue, nous avons senti sur nous le regard furieux d'une jeune femme qui nous cria : «Pourquoi nous avoir caché cette femme? Elle est merveilleuse.» Nous ne l'avions pas cachée, mais c'est vrai que, malgré les apparences, la télévision dans son ensemble n'a pas une grande conscience de son passé. Certes, il y a encore à l'INA (Institut national de l'audiovisuel) quelques personnes qui connaissent ce temps-là, mais mon petit doigt me dit qu'on attend leur départ pour la retraite. Après, personne ne saura plus rien : épatant, les professeurs pourront se déchaîner.

Vers 64, Nicole est tombée malade. Elle n'a plus voulu venir, le mercredi soir, aux «Lectures pour tous». Bien sûr, nous allions la voir. Nous prenions de ses nouvelles. Puis, un jour, elle a dit : «Il ne faut plus téléphoner.»

Max-Pol était un grand défaiseur de nœuds. Le livre le plus serré ne lui résistait pas. C'est vrai : ce qu'il faisait devant les caméras, à partir de quelques notes, était un spectacle critique. Il se promenait d'abord autour du livre, cherchant la meilleure entrée. Puis, agitant le livre comme une potion, il le rendait clair pour nous tous – qui ne l'avions pas lu. Max-Pol ne parlait pas d'un livre en commençant par le commencement. Avant l'émission, il avait cherché et trouvé comment il devait, lui, commencer : il n'y avait qu'à le suivre et on arrivait, sans s'en apercevoir, au beau milieu du livre, comme si on y avait plongé. «Lectures pour tous» lui doit énormément.

Beaucoup de gens sourient avant de sourire pour nous assurer qu'ils ne se prennent pas au sérieux. Max-Pol esquissait un sourire à la fin de son intervention. Jamais avant la fin. Il avait pour la parole – la sienne et celle des autres – ce qu'on appelait autrefois du respect. Quand je dis «autrefois» je pense à Michelet ou à Thomas Hardy car, déjà, Proust écrivait «respet» – quand il s'adressait à Reynaldo Hahn.

Max-Pol aimait à voyager. Son œuvre poétique est importante. La voix de Nicole et la voix de Max-Pol s'équilibrent tendrement dans le souvenir que je garde d'eux.

À propos de Nicole, je cherchais une phrase de Custine. Je l'ai retrouvée. Il écrit à propos de Monsieur de Noailles : «Il est de ces gens à qui l'on sait gré du bien que nous fait leur visage.» Nicole était de ces gens. Souvent, je pense à Nicole. De mère russe, elle appartenait à une tradition bien française et bien russe. Selon laquelle – de Gogol à Tchekhov – ce qu'on a vu *une* fois est vrai, toujours. Exemple : «L'homme d'État le plus occupé (...) passera chez vous de longues heures à causer, à rêver (...) si vous avez eu l'adresse de placer sur une table, auprès de lui, un couteau, un canif ou une paire de ciseaux. Rien ne l'inspire autant.»

C'est Mme de Girardin (1804-1855) qui a écrit cela, mais Nicole aurait pu le dire. Certes, cette histoire de ciseaux est étrange. On pourrait en vérifier l'exactitude. Il suffirait d'inviter un homme politique à parler devant une caméra, en mettant à sa disposition, discrètement, sur une petite table, un canif, ou

des petits ciseaux. Ce serait, typiquement, un
«dispositif».

Ce Monsieur de Noailles me rappelle
quelqu'un. Un vieux garçon que Patrick
Pesnot avait rencontré dans le Limousin. Il
disait qu'on venait le voir «de partout». Il ne
guérissait pas à proprement parler : les gens
venaient le voir parce qu'il leur faisait du bien.
Il était, disait-il, « benjovant » : il rendait heureux. L'hypnose ne jouait aucun rôle : c'est à
peine s'il regardait ses visiteurs. Il se laissait
regarder.

C'est vrai, je ne parle pas souvent de mon ami Desgraupes. Nous nous sommes pourtant bien entendus pendant longtemps. Il a été un «grand côté de ma vie». La plupart du temps, nous étions d'accord – sans, pour autant, partager les mêmes goûts, sauf celui que nous avions l'un pour l'autre. Nous nous sommes bien amusés en travaillant ensemble. Quand il a été nommé président, il m'a proposé de faire partie de sa direction. J'ai préféré qu'il me donne le moyen de faire de la télévision. Ce qu'il a fait. Mais, j'anticipe. Revenons en 69. Après mon année de punition j'ai retrouvé mes amis avec plaisir. «Vingtième siècle» était déjà lancé. C'était une émission ambitieuse. Je crois que nous avons fait six fois une heure – ou une heure et demie ? je ne sais plus – sur l'Église dans le monde. Je me souviens de l'escalier que le réalisateur, Bersoza, fit descendre à un cardinal. Je me souviens du premier plan du sujet sur la Hollande : une église qu'un immense pendule en fonte démolissait.

On passait son temps à se faire engueuler.

Après la disparition de Pierre Lazareff au mois d'avril 72, nous sommes devenus fragiles. Desgraupes avait été choisi par Chaban-Delmas pour diriger l'information sur la première chaîne – et lui donner un visage humain. C'était une bonne intention qui faisait grogner les barons d'alors. Arthur Conte, le nouveau patron, fut chargé de nous liquider. Rien n'était plus facile. C'est à partir de cette année-là que nous avons travaillé, Desgraupes et moi, chacun de notre côté.

J'ai commencé par faire une émission littéraire tout seul, avec Jean-Pierre Chartier comme réalisateur. Son titre était, pour moi, annonciateur : « Le Temps de lire ». J'avais, en effet, envie d'avoir du temps. Jean-Pierre et moi nous prenions notre temps. La durée d'un sujet ne nous effrayait pas. Nous sommes allés voir Jean Rhys dans son village anglais. Sa maison était petite : les camions, en passant, la faisaient trembler. Jean Rhys : un sourire âgé. Une bouteille de porto n'était jamais loin d'elle. Comme j'avais pris le temps de lire et relire tous ses livres, elle voyait bien que je la connaissais un peu. Ça la faisait sourire. C'était comme si j'avais dormi dans les chambres qu'elle décrit. Les chambres d'hôtel pas chères du Paris de 1930. Parlez de Jean Rhys à vos amis : il faut qu'elle soit lue.

Comme vous l'avez remarqué, les propos que je tiens ne sont pas toujours raisonnables. Quand quelqu'un me parlait d'Elsa Triolet, je disais que (en dehors de ses autres qualités) je la trouvais gentille. Ça faisait rire, mais j'étais sincère. Aussi ai-je été surpris, interviewant Elsa Triolet *et* Louis Aragon, de m'apercevoir que, lorsque Louis parlait, Elsa ne souriait pas : au contraire. Après l'enregistrement, Elsa s'étant retirée, je dis à Louis : «Elsa vous regardait sévèrement.» Alors, Louis me prit par le bras et m'amena dans son bureau. Là, punaisée au mur, une vieille coupure de presse jaunie par le temps parlait. C'était la photo d'une réunion du Comité national des écrivains des années quarante-quatre. Louis parle et ce qu'il vient de dire doit être drôle puisque tout le monde rit. Sauf (le visage cerclé de rouge par Louis) Elsa.

Je crois bien que c'est dans « Le Temps de lire » que j'ai eu le plaisir d'inviter un grand écrivain égyptien, Tewfik el Hakim, pour son *Journal d'un substitut de procureur égyptien*, (publié dans la collection Terre humaine, chez Plon). Disons : un juge de campagne. Livre rude et délicieux sur l'Égypte des années quarante. Tewfik el Hakim était un monsieur très âgé. Je souhaitais lui faire raconter l'une des nombreuses histoires vraies de ce livre. Je commence par résumer le début de l'une d'entre elles : une très jeune et très belle jeune fille a disparu. A-t-elle été enlevée ? La justice enquête : c'est-à-dire Tewfik el Hakim enquête, la cherche partout, dans tous les camions qu'il rencontre.

Tewfik el Hakim m'écoute avec intérêt. Je me tais pour le laisser raconter la suite de l'histoire.

« Et alors ? » me dit-il. Il était impatient de connaître cette affaire qu'il avait vécue et tout a fait oubliée.

Cette même année, Jacqueline Baudrier, patronne de la première chaîne, me commande, à ma demande, un portrait de Flaubert. Des amateurs de Flaubert se réunissant toutes les semaines, comme d'autres pour faire un billard, telle était la structure de cette «dramatique». Alain Dhénault qui l'a réalisée avait choisi Pierre Mondy pour jouer le rôle de Flaubert. Mondy était superbe. Je ne suis plus entièrement d'accord avec le texte de cette émission. Ce qui surtout m'exaspère, c'est de ne pas en avoir relu les épreuves. Je ne sais pourquoi. J'ai donc laissé passer des bourdes déracinantes de ce type : Madame *de* Commanville.

Pour qui ne connaît pas le nom de la nièce de Flaubert, l'affaire est sans importance, mais

pour les connaisseurs, de telles fautes sont dis-
qualifiantes. Heureusement pour moi,
Raymonde Debray-Genette, Pierre-Marc de
Biasi et Jacques Neefs, qui sont des purs
flaubertiens, ne m'en veulent pas.

Ce qui me frappe quand je revois cette
émission, c'est d'y trouver certains des thèmes
qui continuent de «m'obséder» aujourd'hui.
Ce texte de 1972 me prouve que j'avais déjà lu
Madame Bovary avec «acharnement» mais je
ne me souviens pas comment ce livre est entré
dans ma vie.

Je vais essayer de reconstituer «l'acharnement». J'avais été frappé, en lisant la correspondance, par la méfiance que Flaubert
éprouve pour la journée du mardi. J'avais
donc relu *Bovary* du point de vue des jours de
la semaine. C'est un mercredi, jour de marché,
qu'Emma rencontre Rodolphe, qui sera son
premier amant. C'est le jeudi, plus tard,
qu'elle ira, à Rouen, retrouver son second et
dernier amant. Nous avons donc ce couple de
jours fastes : mercredi-jeudi. Mettons-les de
côté, pour mieux les retrouver.

Il y a eu un «trou» dans la vie du jeune
Gustave, avant la fin de sa quatorzième année.

Son père – le célèbre Dr Flaubert – et sa mère ont été invités à une fête – dîner suivi d'un bal – par un riche et noble voisin, le marquis de Pomereu. Gustave les accompagne. La fête fut belle. Le lecteur de Flaubert trouve, ici et là, la trace de cette nuit passée au château du Héron, pour la Saint-Michel. Dans *Madame Bovary* c'est lors d'une soirée semblable qu'Emma prend son mari en horreur et découvre le désir des autres. J'abrège.

Lorsqu'il est en Égypte, Flaubert passe une nuit voluptueuse avec une femme très belle : Kuchuk-Hanem. La quittant le matin, vers sept heures, Flaubert va chasser «dans un champ de coton, sous des palmiers et des gazis». Les gazis sont, paraît-il, des petits palmiers. Il écrit à son ami Bouilhet : «Le vent soufflait dans les branches minces des gazis. Cela sifflait comme dans des joncs. (...) les montagnes étaient roses, le soleil montait... Je marchais poussant mes pieds devant moi, et songeant à des matinées analogues... à une, entre autres, chez le marquis de Pomereu, au Héron, après un bal. Je ne m'étais pas couché et le matin j'avais été me promener en barque sur l'étang, tout seul, dans mon habit de collège. Les cygnes me regardaient passer et les feuilles des arbustes retombaient sous l'eau. C'était peu de jours avant la rentrée; j'avais quinze ans.»

Ailleurs, Flaubert écrit : «J'ai beaucoup pensé à ce matin (Saint-Michel) chez le marquis de Pomereu (...). C'était dans les vacances de ma quatrième à ma troisième.» Donc : en 1836. Il aura quinze ans dans trois mois. Or la «soirée» de la Saint-Michel (29/9), en 1836, va du mercredi soir au jeudi matin. *Mercredi-jeudi.*

Il est tout à fait possible que je rêve. C'est une hypothèse. Le lecteur peut lire comme il l'entend. C'est son droit. Si j'ai dit, à l'instant, qu'il y avait un « trou » dans la vie du jeune Gustave, c'est parce que Flaubert, dans *Bovary* – où le Héron s'appelle la Vaubyessard –, écrit à propos d'Emma : «son voyage à la Vaubyessard avait fait un *trou* dans sa vie».

Presque chaque phrase de Flaubert en appelle une autre et pose une question qui, souvent, refuse d'être formulée. Prenons l'une de celles que je viens de citer : «Je marchais poussant mes pieds devant moi (...). »

169

«Poussant mes pieds devant moi» me rappelle un moment de la baisade. Rodolphe et Emma sont à cheval, dans la forêt. «Et, du bout de leurs fers, en *marchant*, les chevaux *poussaient devant* eux des pommes de pin tombées.»

Pour faire bon poids, ajoutons ces quelques mots extraits d'une lettre du 11 mars 1851 : «mon premier désir a été d'être cheval».

Revenons à la matinée : «cela sifflait comme dans des joncs». Flaubert est en Égypte mais les joncs sont normands. Bien. Lisons l'après-baisade. Emma revoit : «elle voyait les arbres, les chemins, les fossés, Rodolphe, et elle sentait encore l'étreinte de ses bras, tandis que le feuillage frémissait et que les joncs sifflaient».

Ce qui m'étonne : juste avant la baisade, Flaubert écrit : «le ciel était devenu bleu. Les feuilles ne remuaient pas». Comment Emma peut-elle avoir entendu le feuillage frémir et les joncs siffler ? Où était-elle donc ? En Égypte ? Sans doute...

D'accord, je m'arrête. Encore un mot, qui nous renvoie à Kuchuk-Hanem. Il y a, dans *Bovary*, un personnage qui est tout à la fois percepteur, capitaine, carabinier, tourneur sur bois : Binet. Avec son tour, il fait des «ivoireries» qui ressemblent à la façon de penser d'Emma : des cercles concentriques qui jouent, entre eux, à colin-maillard. Ce Binet, qui a vu Emma revenir de chez son amant, la rencontre chez le pharmacien, M. Homais. Que désire Binet ? Il demande, entre autres choses, de l'acide de *sucre* et une demi-once de *térébenthine*. Bien. Flaubert, d'Égypte, décrit le goût et l'odeur du corps de Kuchuk-Hanem : «un goût de *térébenthine sucrée*». Ce qui nous permet de penser que Binet n'est pas un personnage secondaire.

Jacques Neefs, déjà cité, parle à propos de *Madame Bovary* de la *mémoire* du livre. L'expression est parfaite. À force d'écrire lentement, Flaubert a donné une mémoire à son roman. Il y a des scènes de la deuxième et de la troisième partie qui «se souviennent» de scènes de la première partie. Elles s'en souviennent en «se ressemblant dans la dissem-. blance». Pour plus de clarté, traitons cette page comme un tableau noir : un texte à gauche, un texte à droite.

Cette phrase appartient au jour du mariage d'Emma et de Charles (Emma n'a pas encore été épousée) :

«La robe d'Emma, trop longue, traînait un peu par le bas ; de temps à autre, elle s'arrêtait pour la tirer, et alors, délicatement, de ses doigts gantés, elle enlevait les herbes rudes avec les petits dards des chardons, pendant que *Charles, les mains vides, attendait qu'elle eût fini.*»

Cette phrase appartient à la baisade. Rodolphe n'est pas encore l'amant de Madame Bovary (il s'en faut d'une dizaine de minutes) :

«De longues fougères, au bord du chemin, se prenaient dans l'étrier d'Emma. *Rodolphe, tout en allant, se penchait et il les retirait à mesure.*»

Je ne crois pas qu'Emma pense au jour de son mariage, quelques minutes avant de s'abandonner aux bras de Rodolphe, mais elle peut se souvenir physiquement de Charles (les mains vides, attendant qu'elle ait fini) au moment même où elle admire Rodolphe (se penchant, à mesure...). Le lecteur attentif peut être dans la mémoire d'Emma. Peut prendre un bain dans la mémoire d'Emma.

Parfois la mémoire des personnages me joue des tours et me laisse pantois, tout bête. Ainsi, lorsque Léon – le clerc de notaire qui n'avait pas su devenir le premier amant de Madame Bovary – réussit à être son dernier

172

amant, nous apprenons deux ou trois choses que nous ignorions. Léon, évoquant une journée d'autrefois, dit à Emma :

«Quand vous entriez dans une boutique, je restais dans la rue.»

Ah ? Le lecteur n'a jamais vu Emma entrer dans une boutique. C'est le marchand «à la toilette» qui va la voir chez elle. Dans quelle boutique est-elle entrée ? Certes, je ne suis pas jaloux, mais ça m'agace que Léon en sache plus long que moi. (Pour dire les choses franchement.) Léon continue : «Ensuite vous avez sonné chez Madame Tuvache, on vous a ouvert et je suis resté comme un idiot devant la grande porte lourde, qui était retombée sur vous.»

Mais, mon cher Léon, nous n'avons pas su qu'Emma allait rendre visite à Madame Tuvache. Qu'est-ce que cela cache ? Il faudrait regarder les manuscrits, mais je ne peux pas embêter tous les jours mes amis flaubertiens. Madame Tuvache est la femme du maire. Elle a prêté ses fauteuils, au moment des comices, pour que les fesses des autorités soient bien rangées. Elle est, avec une autre dame, le témoin d'une scène très particulière de la toute dernière partie du roman.

Je rappelle les faits. Emma doit trouver 3 000 francs d'ici demain. Sinon sa maison – avec le cabinet du Dr Bovary – sera saisie. Elle s'en moque bien de sa maison. Ce qu'elle ne supporte pas, c'est l'idée que son mari lui pardonnera ses dettes. Elle ne veut pas être pardonnée par Charles. Plutôt mourir. Elle cherche donc 3 000 francs. Léon, qui avait promis son aide, ne l'aide pas. Alors elle va voir Binet, qui n'est pas de sa société. On ne sait pas ce qu'elle lui propose puisque la scène est sourde. Emma et Binet parlent, mais Madame Tuvache qui les observe de son grenier ne les entend pas. Parce que Binet fait marcher son tour. C'est la *seule* scène muette de Bovary. (En ne comptant pas celle du fiacre qui est muette mais claire : un homme et une femme dans un fiacre aux rideaux tirés se passent de commentaires.) Pourquoi Flaubert a-t-il voulu que ce dialogue Emma-Binet nous échappe ? Il y a là un mystère. (À nouveau, le recours aux manuscrits s'imposerait.)

Parfois j'ose me demander si Binet ne figure pas Flaubert. C'est son achat de sucre et de térébenthine qui me met sur cette voie bizarre. Dans ce cas, Emma viendrait lui demander de changer la fin de son roman. Et Binet (Flaubert) lui répondrait :

«Madame! Y pensez-vous?...»

Ces derniers mots sont les *seuls* que Madame Tuvache et le lecteur entendent.

Il est possible, bien entendu, d'avoir cent autres points de vue. Celui-ci, par exemple. Quand Flaubert écrit *Bovary*, le «réalisme» s'apprête à devenir une institution. Peut-être pressent-il qu'il passera pour être «réaliste». Peut-être en est-il agacé. Supposons. Si l'on joue au réalisme pour s'en moquer, le bruit que fait un tour empêche absolument le narrateur d'entendre les propos qu'il est en charge de rapporter. Bien entendu, il y aurait, dans ce cas, un «côté farceur» chez le narrateur. Mais ce côté farceur existe. Rappelez-vous comment Flaubert décrit l'entrée, à l'auberge, du curé Bournisien :

«Un homme vêtu de noir entra tout à coup dans la cuisine. (...)

– Qu'y a-t-il pour votre service, monsieur le curé? »

Farceur, non ? D'autant qu'en plein jour, la soutane du curé, nous dira Flaubert, est plus sale que noire.

Quatre-vingt-dix-neuvième point de vue. Binet a exercé plusieurs métiers. Il a été carabinier, avant de faire, avec son tour, des ronds de serviette. (Car, avant de faire des ivoireries compliquées, il fait des ronds de serviette, d'après le pharmacien.) Un rond de serviette ressemble à la lettre O. D'accord ? Bien. La carabine à la mode a été inventée par un armurier qui a deux ans de plus que Gustave et qui s'appelle Flobert – *comme le grand-père de Gustave*. (Le père de Gustave est le premier Flobert à s'écrire Flaubert.) Ce qui ferait de Binet un homme-valise, un «joker». Mais voici ce que – hélas ! – j'ignore : Flaubert, écrivant *Bovary*, avait-il connaissance de la carabine Flobert ?

Un dernier mot sur la mémoire du roman. Prenons à nouveau deux phrases. L'une concerne Charles Bovary, l'autre Rodolphe, le premier amant. Cent dix pages les séparent. Soit environ quatre ans, si l'on en croit ce que dit Emma («voilà quatre ans que je patiente», p. 198 des Classiques Garnier, dans l'édition de Mme Gothot-Mersch).

Charles n'est *pas encore* le mari d'Emma.

«L'air, passant par le dessous de la porte, poussait un peu de poussière sur les dalles; il la regardait se traîner, et il *entendait* seulement le *battement* intérieur de sa tête, *avec* le *cri* d'une poule, *au loin*, qui pondait dans les cours.»

Rodolphe n'est *pas encore* son amant.

«La campagne était déserte et Rodolphe *n'entendait* autour de lui *que* le *battement* régulier des herbes qui fouettaient sa chaussure, *avec* le *cri* des grillons tapis *au loin* sous les avoines.»

Ces deux phrases sont si parentes, par leur dissemblance et par leur ressemblance, que toute remarque est inutile. Applaudissons tout de même la préposition «avec». Le bruit que nous faisons quand nous disons « avec », à voix haute, est plus proche du cri d'une poule que du cri d'un grillon. Me semble-t-il. «Avec le cri d'une poule.»

Il faudra se souvenir de ces quelques mots quand, cent cinquante-quatre pages plus loin, nous tomberons sur Emma lisant une lettre de son père, qui est un vieux paysan :

«Emma poursuivait la pensée douce qui caquetait tout au travers comme une poule à demi cachée dans une haie d'épines.» La tendresse n'est pas du côté des grillons.

C'est probablement la lecture de Flaubert qui m'a donné – ces années-là, 72-73 – l'idée de proposer à la troisième chaîne une série d'émissions sur les bibliothèques de France. Paris excepté : France 3 a toujours eu une vocation régionale. Le projet plut à Éliane Victor. Cela s'appela «Des millions de livres écrits à la main». Le titre avouait le désir d'approcher des manuscrits. Premier arrêt : Rouen. Là se trouvent les scénarios, brouillons de *Madame Bovary* et les dossiers de *Bouvard et Pécuchet*. Le conservateur était alors Claude Simonnet. Il était l'auteur d'un merveilleux essai : *Queneau déchiffré*. Il y avait, à la bibliothèque, un garçon épatant : sa femme nous avait fait des cheminots. C'est la friandise que préfère la femme du pharmacien, dans *Bovary*. Flaubert dit des cheminots qu'ils sont des «turbans alimentaires». J'ai toujours la recette, reliée.

C'est Alain Dhénaut qui réalisa cette émission, la première de la série. Il doit se souvenir de notre étonnement devant les archives léguées à Rouen par un homme qui fut sans doute – pendant l'Empire – le premier patron de la Statistique. Il s'appelait Charles-Étienne Coquebert de Montbret et donnait des ordres à tous les préfets. Cet homme-là voulait tout savoir. Chaque préfet devait répondre à un questionnaire géant, allant du nombre de fils tressés que devait avoir une corde au vocabulaire utilisé par tous les corps de métier. Enfin, chaque préfet devait faire traduire dans le parler départemental la parabole de l'Enfant prodigue. Certains – mais peu – ont répondu : ici, on parle français. Les autres, heureusement, ont obéi. Le travail de ce superbe préfet mérite bien plusieurs thèses. (Il en existe une, je crois.)

Presque toutes les bibliothèques possèdent des merveilles – parfois humbles. Je pense à ce petit carnet noir qui avait appartenu à un tout jeune pilotin dans les années 1880. Il était sur un trois-mâts et, par peur, avait dessiné sur les feuilles de ce carnet toutes les voiles, avec leur nom dessus. Il devait toujours l'avoir sur lui, ce carnet. Il devait le consulter en douce, quand il entendait un ordre, pour ne pas se tromper de voile. C'est la bibliothèque de Saint-Malo qui conserve ce carnet.

Je revois l'ensemble, à Troyes, de la Bibliothèque bleue. Avoir réussi à réunir et à conserver ces livres vendus par colportage. Il y a quand on entre dans cette salle une odeur de passé délicieuse. Qu'est-ce qui sent si bon ? Le papier ? La colle ? Ou les histoires qui sont dans les livres ? (Geneviève Bollème a publié, il y a longtemps, un très bon livre sur la Bibliothèque bleue.)

À Carpentras, c'est la richesse : manuscrits de Sade, de Raspail, anciens textes juifs, et la bibliothèque de Peiresc, naturaliste, amateur génial, correspondant de Galilée. Peiresc est le type d'esprit universel du XVIIe siècle. À cette époque (je veux dire en 1973) à Lacoste, dans le château de Sade, une Américaine se faisait enfermer tous les soirs. Seule.

À Avignon, au musée Calvet, j'ai vu la dernière lettre de Flaubert à Louise Colet. La
rupture est sèche. Le papier est encore d'un
beau bleu.

Comme il y avait trois chaînes de télévision, il m'a semblé prudent d'avoir trois idées. La première chaîne a bien voulu d'une émission d'histoire qui tournerait le dos aux rois et aux reines. Cela s'appela «Histoire des gens». Ce titre convenait aux recherches qu'avaient menées – et menaient encore – Georges Duby, Jacques Le Goff, Emmanuel Le Roy Ladurie ou Pierre Goubert. Les noms que je viens de citer ont figuré au générique d'«Histoire des gens».

Historiens ou simples citoyens nés avant 1930, nous avions en commun, dans les années soixante-dix, d'avoir connu l'an 40, sa défaite et son exode. L'histoire des origines de la défaite et de l'exode n'a pas encore été faite. Le grand aîné des historiens que je viens de citer, Marc Bloch, le fondateur des Annales, a été fusillé par les Allemands en 44 pour actes de résistance. Marc Bloch avait eu le temps d'écrire un petit livre haut et court dont le titre indique la direction à prendre : *L'Étrange Défaite*. L'inquiétante étrangeté de ces mois de mai et juin 40 était restée collée à la peau de notre mémoire. Pourquoi étions-nous presque tous partis vers le Sud comme si le Sud avait été interdit aux blindés allemands ? Il y a des souvenirs tellement inexplicables qu'ils deviennent impersonnels, à quelques détails près.

Naturellement, il n'y a pas de rapport entre les gens d'« Histoire des gens » et les innombrables fuyards que nous avions été. Certes. Mais l'exode avait appris à tout le monde ce que c'étaient que « les gens ». Nous en avions vu. Quel meeting !

Comment traiter en audiovisuel *L'An mil* de Georges Duby, *L'Histoire de la peste* ou *La Naissance du purgatoire* de Jacques Le Goff ? Il est clair que nous tournions le dos aux *Trois mousquetaires*. Nous nous sommes demandé – Jean Cazenave a réalisé les premières émissions de la série – où devait se trouver Georges Duby, par exemple, s'il lisait son livre à haute voix. Dans quel paysage ? Il y avait, de notre part, l'envie de trouver les lieux les plus proches de l'époque choisie. Pour *L'An mil*, nous sommes allés dans une abbaye – Ligugé – et dans une région, l'Aubrac, qui, par ses ruines et l'organisation de son paysage, nous rapprochaient de l'an mil. Georges Duby est resté avec nous pendant une semaine. Ce qui était un acte de sympathie très généreux.

Dans ces années-là, nous avions tous fait des reportages dans des pays qui attendaient le moment de se développer. Je me souviens d'une description faite sur place, par un ingénieur, du futur ensemble minéralier de Port-Étienne en Mauritanie. C'était grandiose. En l'écoutant, on «voyait» les trains arriver de la mine. Or la réalité était tout autre. Il y avait la mer et le sable. Rien à l'horizon. Grâce à la parole, on finissait par voir le paysage à venir. Et nous nous disions : puisque ça marche avec l'avenir, ça devrait marcher avec le passé. Avec l'an mil, justement.

Soit une église. Dans les classes, on nous avait appris l'admiration. Comme nous n'étions pas obéissants, nous n'admirions pas. Car il fallait pour admirer vraiment apprécier, selon les règles, le génie de l'architecte, comparer l'excellent au moins bon. La nouvelle Histoire nous permettait d'accéder à l'œuvre par la vision qu'en avaient eue les contemporains. Toute église est un piège à lumière. C'est *la lumière* qu'*ils* voyaient que nous regardons, la même lumière du jour, le même découpage, la même progression, la même tombée du soir. La lumière cessait d'être un moyen de voir clair : elle était redevenue le *corps* dont l'espace est l'esprit. C'est, me semble-t-il, ce que les vitraux de Pierre Soulages, à Conques, disent à haute voix.

Je me souviens d'un face-à-face : un assez long pan de mur tout ébréché : c'est d'une lumière noire qu'il s'agit ici : ce qui restait d'un mur élevé contre la peste. On imaginait le mur sur toute sa longueur, bien gardé. Aucun contaminé ne pouvait aller plus loin. Aucun homme sain non plus : c'était fermé.

Grâce à Pierre Goubert (*Louis XIV et vingt millions de Français*), nous avons rencontré – «nous», c'est, cette fois, Hervé Baslé et moi – un merveilleux couple d'instituteurs : M. et Mme Pierre Samson. Par une sorte de grâce républicaine, ils ont, jusqu'à leur retraite, conservé le même poste : enseignant au Coudray-St-Germer (Oise). Ils avaient fait de ce village l'objet de leur étude. Les recherches menées par Pierre Samson aux archives de Beauvais ont reçu l'approbation de Pierre Goubert, qui n'aime pas les amateurs. Malgré son talent d'historien et la rigueur de sa méthode, M. Samson était resté affable, « benjovant ». Mme Samson aussi. À les voir, on avait envie d'apprendre. Les travaux de M. Samson ont été édités par le CNDP (Centre national de documentation pédagogique) de Beauvais. Ils nous font connaître les gens du Coudray St-Germer du XVIIᵉ siècle à (presque) nos jours. Le CNDP est un éditeur discret, mais sûr.

M. et Mme Samson me rappellent le très beau livre de Jacques et Mona Ozouf, livre fait à partir d'un questionnaire adressé dans les années soixante aux instituteurs qui avaient enseigné avant la guerre. Les instituteurs ont répondu par écrit. Ils décrivent en géographes le paysage qu'ils voyaient de leur école. Presque toutes leurs réponses méritent d'être dictées.

L'un des derniers témoins, un Ardéchois je crois, dit ce qui attriste ses vieux jours. Ses enfants exercent des professions libérales. Ils gagnent très bien leur vie. Trop bien, précise l'ancien instituteur : ils gagnent si bien leur vie qu'ils n'estiment que l'argent. On devine le petit sourire des enfants quand ils pensent au salaire du père. *Nous, les maîtres d'école,* tel est le titre de ce livre.

Nous avons vu, il y a quarante-cinq ans, un instituteur bouleversé. «Dites-lui que votre métier est un métier de con», était venu lui demander le père d'un élève, qui voulait détourner son fils de sa vocation.

Il y a deux livres que je mets dans le même panier : je les aime beaucoup tous les deux. Ils n'ont en commun que d'avoir été édités par Pierre Nora chez Gallimard. L'un s'appelle *Les Mots, la Mort, les Sorts* de Jeanne Favret-Saada, l'autre : *L'Œil du Quattrocento* par Michael Baxandall. L'un décrit la sorcellerie, l'autre les conditions de la peinture. Aucun rapport. Pourtant ces deux livres, par leur façon d'éclairer leur sujet, sont comparables en importance. Je ne crois pas que leur parution ait suscité ces agréables tempêtes dont les intellectuels du moment se régalent. Jeanne Favret-Saada ne voulait pas que les journalistes aillent sur son terrain (la Mayenne, je crois) et Baxandall tenait un discours d'historien sur l'argent dans la peinture à une époque où les marchands, déjà, voulaient ne faire de l'art qu'un paradis fiscal.

Baxandall a étudié les contrats que diverses autorités ecclésiastiques passaient avec les plus grands peintres du XVe siècle italien. On y découvre la précision de la commande. Bien entendu, la scène à représenter est définie dans les moindres détails. Les gestes que feront les personnages seront soulignés, amplifiés, par les manches de leur vêtement. Et la qualité du bleu de ces manches-là est définie dans le contrat. Car les gestes ont une valeur religieuse différente, selon qu'ils sont faits par sainte Élisabeth, par la Vierge ou par saint Joseph. Je ne sais plus lequel vaut le plus (je

188

n'ai pas le livre sous la main). Mais supposons que ce soit le geste de saint Joseph. Sa manche donc. Eh bien, par contrat, le peintre devra peindre ce geste avec un bleu à six florins. Alors que les autres se contenteront, par contrat, d'un bleu à trois florins. Je pense à notre instituteur ardéchois. Peut-être avait-il, aux murs laïques de sa chambre, accroché la reproduction d'une scène religieuse. Ce n'était pas le sujet qui l'intéressait vraiment, mais ce bleu du vêtement de saint Joseph, de cette manche surtout, le surprenait tous les jours. Tu vois, lui aurait dit son fils, six florins, c'est mieux que trois.

Quant au livre de Favret-Saada, il décrit une actualité française : le tracé des mots et des signes qui font d'un homme une victime ou un bourreau. Ici, le pouvoir n'est pas lié à l'argent. La sorcellerie est un pays pauvre. La mort est *donnée* par les mots.

Il y a une émission que je n'ai pas réussi à faire accepter. En voici le principe : je me fais expliquer un jeu de cartes *et* je ne comprends rien à ce qu'on me dit. Par mon imbécillité, je force mon interlocuteur à fabriquer des comparaisons qui, normalement, devraient être comprises par le plus obtus. Peu à peu, mon interlocuteur est amené à tenter de me faire comprendre ce que c'est que l'atout, ce que c'est que *couper*. C'est ici que je l'attends car il va me parler du pouvoir. De ce pouvoir très révolutionnaire qui permet à un sept d'atout de s'emparer d'une reine. Je suis convaincu, sans en avoir la preuve, que tout jeu de cartes est la réplique d'un ordre social (souhaité ou redouté) où le pouvoir de *couper* est la transposition ludique du pouvoir des sorciers.

Il y a une autre émission que je n'ai jamais réussi à «vendre». C'est une série de conversations – pouvant être violentes – sur les goûts et les dégoûts alimentaires : un bonhomme qui n'aime pas les radis sait ce que détester veut dire. Je vous laisse réfléchir à vos propres dégoûts.

La troisième idée, après «Histoire des gens» et «Des millions de livres écrits à la main», s'est appelée «Lire c'est vivre». Marcel Jullian, je crois, l'avait acceptée lorsqu'il était le président de la seconde chaîne. Nous donnions à lire le même livre à cinq ou six personnes. Nous leur demandions de souligner, à la première lecture, les phrases qui, spontanément, leur avaient plu ou déplu. Le questionnement, en principe, ne concernait que les phrases soulignées. J'ai écrit «en principe» parce que, parfois, ma curiosité l'emportait sur la règle. Comment choisissions-nous nos lecteurs? Difficile de donner une réponse tout à fait rationnelle. Prenons plutôt des exemples.

Les deux premières émissions ont été réalisées par Jean Cazenave. L'une était *Madame Bovary*, l'autre *L'Assommoir*. Je ne sais plus si nous avons commencé par Zola ou par Flaubert. Bien. J'avais eu l'occasion d'interviewer, pour Europe n° 1, une femme d'agriculteur, militante syndicale, Mme Émorine. Mme Émorine était une personne très intelligente, très sensible et un peu révoltée. Ses conditions de vie personnelle ne lui plaisaient pas. J'ai pensé qu'elle serait une bonne lectrice de *Madame Bovary*. Sa ferme se trouvait du côté de Chalon-sur-Saône. Jean Cazenave est allé la voir. Mme Émorine a présenté Jean à quelques dames du voisinage. Mme Saclier n'habitait pas loin. Elle avait, comme ressources, un champ petit qu'elle labourait elle-même. Jean-Marie l'aidait bien un peu, mais il fallait tout lui dire. Par exemple il fallait lui dire :

– Dis : «Hue!»

Alors, Jean-Marie disait «Hue!» et le cheval avançait. Mme Saclier – quatre-vingts ans – a lu trois fois *Madame Bovary*. Une fois avec un crayon bleu, une fois avec un crayon rouge, une fois avec un crayon vert. Parce qu'elle avait été *saisie* – comme l'avait été Emma –, mais à cause d'un accident de voiture et d'une mauvaise assurance. Elle savait ce que c'était. «Elle y avait passé.» Elle plaignait Emma. Elle plaignait Emma comme elle plaignait Charles : en voilà deux qui n'avaient pas eu de chance. Une voisine, beaucoup plus jeune, défendait Emma : Charles n'était pas un mari fougueux. «On n'y pensait pas», rétorquait Mme Saclier. Car Mme Saclier, par sympathie pour les personnes dont elle parlait, s'ajoutait à elles. Elle ne disait jamais «il» ou «elle». Elle disait toujours «on». La première fois, j'ai été surpris. Mme Saclier me racontait la mort du curé : « Le camion s'est renversé sur lui et *on* est mort. »

Moi : « Qui est mort ? »

Mme Saclier : « Le curé. »

Moi : « Tout seul ? »

Mme Saclier : « Eh oui, on était tout seul. »

Bien. Mme Émorine a été, elle aussi, une merveilleuse lectrice de *Madame Bovary*. Elle ne lui était pas comparable si ce n'est par la déception. Elle se reconnaissait dans la déception d'Emma. Comme Mme Émorine avait l'oreille plus aiguë que Madame Bovary, elle avait lu le roman de Flaubert avec une finesse dont Emma n'eût pas été capable. En cours de tournage, nous nous sommes aperçus que nous n'avions personne pour lire « du côté » de Rodolphe, « du côté » du premier amant. Quelqu'un nous fit penser au comte de Rambuteau, président du conseil général. Bel homme, en effet. Deux mètres de haut, quinze cents hectares de forêt, un cocker qui tirait à terre votre serviette lorsque vous étiez à table et qui vous mordait sec quand vous la ramassiez. Le comte nous a parlé d'Emma avec assez de hauteur. Certes, lorsqu'elle se délaçait, cela frisait l'érotisme. Mais guère plus. Lorsque nous l'avons quitté, le comte m'a donné une plaquette. C'était, sur un ton froid, la description des humiliations que lui avaient fait subir les femmes des officiers SS dans le camp où il avait été déporté. Son père et son frère y étaient morts.

À propos de «Cinq colonnes», j'ai parlé de l'environnement du tournage. Aujourd'hui, et même à l'instant où j'écris, je perçois comme une injustice l'absence de «notes» en fin d'émission. En «note», j'aurais dû raconter l'histoire de la plaquette. Et en lire un extrait.

Quant aux lecteurs de *L'Assommoir*, c'est Jean Cazenave qui les a choisis parmi les habitués d'un café de la rue du Poteau (75018). Le choix était bon. Un vieux gitan connaissait par cœur le roman de Zola. Pour lui, tout était exact. Il nous a montré le toit d'où Coupeau, le couvreur, était tombé. Il s'est placé à l'endroit où la fille de Coupeau se trouvait quand elle a vu son père glisser, puis tomber. Il savait tout cela. Un autre, un livreur de lait, s'est coupé au moment de l'interview. Il avait souhaité lire le roman de Zola. Mais il ne savait pas lire. C'est, donc, sa femme qui lui en avait lu, à haute voix, des morceaux. Parmi les habitués du café, il y avait un seul patron. Il avait souligné une phrase. Ou plutôt un mot : le mot gigot. Ça prouve, disait-il, qu'à ce moment-là, déjà, les ouvriers mangeaient du gigot.

J'ai oublié de dire comment est venue l'idée de «Lire c'est vivre». En 67, Pierre Sabbagh m'a demandé de faire un «52 minutes» sur *Le Rouge et le Noir.* Avec Roland Coste – réalisateur – je suis allé, à Grenoble, voir ce qui se passait autour de M. del Litto, le grand patron des études stendhaliennes. Un jeune Américain noir, qui faisait une thèse sur Stendhal, me dit sans le moindre sourire :

«Madame de Rênal est une Blanche; Julien Sorel est un Noir.»

Bien entendu, ce thésard savait bien que Julien Sorel était un Blanc, mais quand *il* lisait *Le Rouge et le Noir* pour lui, pour son plaisir, Julien était un Noir. Ce jeune Américain noir est devenu un professeur célèbre. C'est lui qui est à l'origine de «Lire c'est vivre». Il m'a révélé la liberté du lecteur, la liberté de la lecture.

Objection : nous devons lire un livre comme son auteur le lirait. Et pas autrement. Contre-objection : il est impossible de savoir comment un auteur lit son propre texte. Conclusion ? Il n'est pas utile de confondre un livre avec sa lecture. On peut lire et relire un texte pour savoir comment il est fait. Cette lecture peut nous rapprocher du texte, mais elle ne peut prétendre à aucune légitimité. Il n'y a pas de lecture idéale.

Quelqu'un peut sentir son cœur battre fort lorsqu'il rencontre, dans un livre, un mot qu'il n'avait jamais vu écrit. Je pense à un «Lire c'est vivre» fait à partir des *Lettres de Soledad*, lettres d'Américains noirs en prison adressées à leurs familles. Lettres de reproches, souvent. Mosco, qui réalisait l'émission, avait donné ce livre à lire à des jeunes garçons qui avaient connu la prison. L'un d'eux n'avait souligné qu'un mot. Ou plutôt : il l'avait encadré. C'était le mot : fenêtre. D'avoir vu, *écrit*, le mot fenêtre, de l'avoir lu, c'était comme se regarder dans la glace et, en même temps, se reconnaître.

197

Si je pense à un autre «Lire c'est vivre» réalisé par Hervé Baslé à partir d'*Un cœur simple*, je revois une dame qui avait fait beaucoup de lessives dans sa jeunesse. Elle était touchée que Flaubert ait su et fait savoir, à peine, que Félicité ne lavait pas son linge en même temps que celui de sa patronne. En même temps, ici, veut dire : avec.

Une autre dame, qui pleurait joliment en parlant, était émerveillée qu'un monsieur ait écrit une vie si simple, si proche de la sienne, malgré le temps. Je ne veux pas dire que nos lectrices ont *mieux* lu *Un cœur simple* que ne l'eussent lu leur patronne. Mieux, non. Mais elles ont toutes été surprises : elles croyaient être seules à savoir ce qu'elles avaient vécu. S'agirait-il de lecture documentaire ? Non. Si l'on veut dire par là que ce n'est pas «le style» que nos lectrices ont apprécié, je veux bien, je veux bien. Mais je ne suis pas sûr de comprendre le mot «style». J'aime bien le mot «texte». Un texte se fout complètement du style qu'on lui prête.

Robert (Bober) connaît très bien Paris. Préparant un «Lire c'est vivre» sur un livre d'Emmanuel Bove, *Mes amis,* Robert avait trouvé deux lieux concordants, l'un et l'autre, avec les personnages de Bove. Un restaurant, rue du Commerce, où les habitués prennent, tous les jours, leur repas à la même place. Et, derrière l'Opéra, une pension de famille où habitaient des personnes encore jeunes qui, la journée de travail terminée, retrouvaient, tous les jours, leur «home» pluriel. Rue du Commerce, j'étais assis en face du premier lecteur, attendant que les derniers préparatifs du tournage fussent achevés. C'est bien difficile de rester là, sans rien dire, «les mains vides». Alors j'entame une conversation inutile, puisque la caméra ne tourne pas encore. Et voici que mon lecteur me lance une réplique tout à fait «bovienne». J'étais désolé de ne pas l'avoir enregistrée. Ce n'est pas une raison pour vous la cacher. Voici. Bêtement, j'avais dit quelque chose comme : il ne vous arrive jamais d'avoir envie de prendre un repas chez vous ? Ça peut être agréable, vous savez. C'est alors qu'il me répond :

– Oui, à cause des restes.

Ce qui était émouvant dans cette émission, c'était de rencontrer des personnes véritables qui avaient la forme même des personnages fictifs.

Encore Robert, à Rouen. Il trouve des forains – il s'agissait d'un Queneau, *Pierrot mon ami*. Rappelez-vous : dans *Pierrot mon ami*, il y a une chapelle (Poldève) qui empêche un « park » d'attractions de s'agrandir. Le forain était ébloui de trouver sa vérité dans un livre. Il avait vu juste, Queneau : il y a toujours un truc patrimonial pour emmerder les forains. Qu'un non-forain ait compris ça, bravo. S'il y avait un livre intéressant, peut-être y en avait-il plusieurs ?

C'est dans cette émission que Robert m'a donné un singe à interviewer. Il soulignait avec un tel plaisir qu'à un certain moment j'ai dû reculer : il voulait me souligner avec son Bic.

J'ai souvent demandé à Robert Bober de réaliser «Lire c'est vivre». La première émission que nous avons faite ensemble portait sur un livre qu'il m'avait fait découvrir, les *Récits hassidiques* recueillis, décryptés, écrits et traduits du yiddish par Martin Buber. Ces récits sont souvent très courts et toujours bouleversants. Dieu y est constamment présent mais les enfants aussi. Dieu y est plus touché par le sifflement d'un enfant que par une parole dite trop sérieusement. Dans son introduction, Martin Buber nous dit ce qu'est une histoire pour un hassid, c'est-à-dire pour un juif polonais mystique du XVIIIe ou du XIXe siècle. (Pardonnez-moi : je résume, de mémoire.) Voici. Quelqu'un demande à un rabbi de lui raconter une histoire. Le rabbi répond : Quelqu'un a demandé à mon grand-père de lui raconter une histoire. Mon grand-père était le disciple de rabbi Baal Shem Tov, le fondateur. Il a voulu raconter comment Baal Shem Tov priait. Comment il sautillait en priant. Quand mon grand-père, qui était paralysé, s'est mis à raconter comment Baal Shem Tov priait, il s'est levé et a sautillé. Il était guéri. C'est de cette manière qu'il faut raconter. Sinon les histoires ne servent à rien.

Ce recueil m'a donné envie de lire *Gog et Magog* de Martin Buber. Il y eut, plus tard, un « Lire c'est vivre » sur ce livre capital. Pour ces deux émissions, c'est Robert qui a choisi les lecteurs. Parmi eux, le grand rabbin Safran. Sa main, face à la caméra, précédait sa pensée, l'annonçait, en mimant l'essence. Le mot spiritualité peut convenir à l'image que produisait cette main.

Encore une autre image étrange : une vitre paraissait refléter l'incendie du soleil. Oui, le soleil brûlait ! C'était d'un reportage en Pologne, au pays de ses parents, que Robert avait rapporté cette vision. Cette image, Robert nous l'a prêtée. Je crois qu'elle incarnait une phrase d'Alexandre Safran.

J'allais oublier : entre ces deux émissions, nous avons fait un «Lire c'est vivre» (52 minutes) sur *une* phrase du Talmud, phrase éclairée par plusieurs «lecteurs» dont le grand rabbin Chouchena. Toute une émission sur une phrase ? Oui. C'était possible dans les années soixante-seize...

Juste avant cette émission sur *une* phrase, j'avais choisi un texte de deux pages, *Les Déserts de l'amour* de Rimbaud. (Je sais : je vous en ai déjà parlé.) J'avais demandé à Jean-Michel Meurice de réaliser cette émission. Parmi nos lecteurs, il y avait une lectrice très aiguë, Élisabeth Chaillou, qui est aujourd'hui un metteur en scène connu. Elle avait relevé une dizaine de mots qui tous renvoyaient à l'eau. Bref, elle affirmait que la scène se passait sur un bateau. C'était très personnel et – donc – un très bon exemple de la liberté de lire. En effet, Élisabeth citait :

«Je me souviens de sa chambre de pourpre, à *vitres de papier jaune* : et ses livres, cachés, qui avaient *trempé* dans *l'océan* !»

Et plus loin, à propos de la servante :

«Je la renversai dans une corbeille de coussins et de *toiles de navire*, en un coin noir.» La lecture d'Élisabeth a du bon.

Le «Lire c'est vivre» fait à partir de *La Métamorphose* de Kafka nous a surpris. C'est Hervé Baslé qui était le réalisateur. J'avais choisi les lecteurs en fonction d'un avis que m'avait donné Françoise, ma femme : tu devrais prendre des gens qui ont réussi mais qui parfois sont inquiets. Nous avions donc Monsieur P., qui vendait beaucoup de voitures rapides, Monsieur L., fils d'instituteurs, devenu milliardaire en quelques années grâce à son génie d'ingénieur textile, et un ami, maître B., avocat international. Bien.

Ce qui nous a surpris, c'est la sévérité des jugements qu'ils portaient sur ce malheureux Grégoire. (Je rappelle que Grégoire, qui était un homme normal, est devenu pendant la nuit quelque chose comme un cancrelat.) Monsieur L., milliardaire, disait à peu près ceci : Si une telle histoire m'arrivait, je me dirais : j'ai une chance formidable, je suis le premier, jamais personne avant moi n'est devenu un cancrelat. Au lieu de se réjouir, Grégoire se lamente. Il n'essaie même pas de communiquer, d'inventer un langage, une écriture, pour faire savoir à sa sœur qu'il a encore toute sa tête.

Quant à Monsieur P., il condamnait Grégoire pour son manque de méthode. Il faut dire que Grégoire avant son accident avait une certaine responsabilité : il était vendeur. Or, disait Monsieur P., Grégoire pense tout le temps à sa famille. On ne vend rien, si on pense à sa famille. Moi, quand je traite une affaire, je ne pense pas à ma famille. Jamais.

C'était étrange d'entendre des personnes qui avaient réussi à avoir, face à cette histoire, des réactions de mépris envers Grégoire. Pas la moindre compassion.

Nous nous sommes sérieusement demandé si, malgré la métamorphose, Grégoire avait conservé sa taille d'homme. L'un disait oui, l'autre ne le voyait pas plus grand qu'un chat. Quand à maître B., la taille ne l'intéressait pas, mais il était sûr, absolument sûr d'une chose : Grégoire n'était pas devenu un cancrelat. Grégoire était devenu un mille-pattes.

Ce qui nous a paru bizarre. Mais maître B. en était certain.

Je me sens obligé de répondre à mon tour sans revenir au livre. Dans la mémoire : je me sens à l'intérieur de Grégoire. Je ne sais donc pas quelle taille j'ai. Mes nouveaux yeux ne me permettent pas de bien me voir dans la glace. Je suis assez grand, me semble-t-il, pour me tenir au mur. Mais cela ne prouve rien : j'ai la mémoire de ma taille d'homme. Je me souviens très bien d'avoir été un homme. C'est même ce qui est dur. Je suis comme si *j'étais* mon ombre : une tache noirâtre. Tandis que ma sœur n'est plus ma sœur. Elle est une femme.

Je ne crois pas qu'un texte puisse être offensé par une lecture trop personnelle. Un texte est d'autant plus riche qu'il peut être lu de mille manières. Un texte qui serait lu de la même façon par des millions de personnes n'aurait pas plus d'intérêt que : «Il est dangereux de se pencher par la portière.»

Ça doit bien faire sept ans que je ne pose plus de questions. Je ne sais pas ce qui s'est passé. Voyons. Pendant ces dix dernières années nous avons (Robert Bober et moi) travaillé pour Arte et pour France 3. Par France 3, j'entends Bernard Rapp et Florence Mauro, pour «Un siècle d'écrivains». Par Arte, j'entends Georges Duby, Jérôme Clément et Thierry Garrel. Georges Duby m'avait demandé de concevoir un magazine littéraire. Jérôme Clément a bien voulu nous laisser faire «Lire et écrire», puis «Lire et relire». Peu à peu les interviews se raréfient.

Peu à peu s'installe l'envie d'interroger les textes, plutôt que les auteurs. Cette envie est assez normale puisque tous les écrivains que j'ai relus, ces dix dernières années, sont morts.

Bien sûr, je lis souvent des livres écrits par des vivants. Nous avons des amis qui écrivent, d'autres qui peignent ou sculptent. Nous aimons les lire ou aller voir leurs œuvres. Cela fait partie de la vie. Mais la tentation de relire Flaubert, Proust ou Kafka fait aussi partie de la vie. D'autant qu'il peut être possible d'interroger une phrase écrite par l'un de ces trois-là, alors qu'il peut être impossible de questionner une phrase écrite par un contemporain. Et pourquoi donc ? Tout simplement parce que nous ne savons rien de l'écriture cachée de nos contemporains. Nous ne connaissons pas – et c'est une bonne chose – leur correspondance. Nous ne savons pas (toujours) ce qu'ils pensent de ceci ou de cela. Et c'est très bien. Tandis que « les écrits » de Flaubert, Proust ou Kafka sont presque tous édités. Je sais bien que l'expression « les écrits » est fautive, mais elle a une vertu : elle met dans le même sac l'encre et le crayon, le roman et le billet.

Quand on interroge un texte, ce n'est jamais lui qui répond. S'il y a une réponse, c'est un autre texte qui la donne. Le lecteur a bien le droit de mettre de côté ce qui dans un roman

concerne, par exemple, un personnage secondaire. C'est ce que nous avons fait ensemble
à propos du Binet de *Madame Bovary*.
(«Mettre de côté», c'est épargner. On peut
épargner du «sens».)

Interroger un texte, c'est finalement, pour
moi, formuler une question que je n'aurais pas
pu poser à l'auteur, si j'avais été son contemporain. Reculons d'un siècle et demi. Nous
sommes en 1857, j'ai trente-quatre ans.
Flaubert veut bien me recevoir parce que j'ai
deux ans de moins que lui. Quelles questions
vais-je lui poser ? J'en tremble encore.

Gaffeur comme je suis, je m'entends lui dire
que *Madame Bovary* est un livre aussi beau
que *La Chartreuse de Parme*. Comme
Flaubert n'aime pas Stendhal, il me fout à la
porte. Bien. Supposons une autre entrée.

J'entre et j'ouvre la bouche pour, aussitôt, parler de Binet, comme s'il était le personnage principal de *Madame Bovary*. Je vois d'ici Flaubert sourire, faisant semblant de m'approuver.
Alors j'ose lui demander pourquoi la dernière
rencontre entre Emma et Binet est muette.
Flaubert paraît assez content que cette mutité
ne m'ait pas échappé. Moi, je suis rouge de

plaisir. Mais Flaubert ne me répond pas. Il sourit, sachant qu'il pourrait me répondre. Ou alors – mais ce serait merveilleux – il me dit :

– Vous rappelez-vous ce qu'achète Binet chez le pharmacien ?

Et je m'entends lui répondre:

– Non.

Car je n'avais aucune raison d'être frappé par le sucre et la térébenthine, n'ayant pas eu, en 1857, la possibilité de lire son récit de voyage en Égypte, ignorant donc le goût de térébenthine sucrée qu'avait la peau de Kuchuk-Hanem.

Petite conclusion : si j'étais né en 1823, je me serais demandé jusqu'à ma mort pourquoi Flaubert m'avait dit : « Vous rappelez-vous ce qu'achète Binet chez le pharmacien ? » Quelle vie...

Lorsque nous effectuons un démarrage en côte, toute notre personne adhère à notre moteur. Nos ancêtres n'ont pas connu le plaisir d'embrayer. Ou plutôt : seuls ceux qui aimaient lire ont pu le deviner. Il y a dans la lecture un pouvoir d'adhésion comparable à celui que nous croyons exercer quand nous démarrons en côte.

Quand nous démarrons, ce n'est pas au but de la promenade que nous pensons. Quand nous commençons à lire *Madame Bovary,* nous ne sommes pas impatients de la voir se déshabiller. D'ailleurs, nous ne la verrons jamais tout à fait nue. Nous entendrons «le lacet mince de son corset qui sifflait autour de ses hanches comme une couleuvre qui glisse». Mais lorsque Flaubert fait entendre ce sifflement, nous sommes, nous lecteurs, attristés : c'est le début de la nausée. Tant que le désir était vif et sans souci, l'érotique n'était pas décrit.

Que voulais-je donc dire, maladroitement, avec mes embrayages ? Que lire était proche de conduire. Conduire, c'est s'occuper de la route. Le paysage est un luxe. Lire un livre c'est, me semble-t-il, avoir la sensation, non pas de l'écrire, mais qu'il est une route, un chemin sur lequel nous avançons *réellement.* Si bien que, si une rivière survient, nous avons besoin d'un passeur – qui nous prend sur son bras, comme on dit que saint Christophe a pris le Christ. Ce besoin d'un passeur, Kafka le confirme, mystérieusement, dans son *Journal* :

« Amélioration, parce que j'ai lu Strindberg. Je ne le lis pas pour le lire, mais pour me blottir contre sa poitrine. Il me tient comme un enfant, sur son bras gauche. J'y suis assis comme un homme sur une statue. Dix fois, je suis en danger de glisser, mais à la onzième tentative, je tiens bon, j'ai de l'assurance et une vaste perspective. »

Un jour je me suis trompé de porte. Je suis entré, sans l'avoir voulu, dans une classe de sciences naturelles. Au mur, il y avait l'image d'un écorché. À nous, les petits, on ne montrait pas d'écorchés. On nous montrait la carte de la France avec ses rivières, ses fleuves qui se jettent dans les mers. Depuis ce jour-là, très ancien, j'ai toujours eu un peu de mal à distinguer une carte d'un écorché, avec ses veines, ses artères, et son sang qui ne se jette nulle part.

Quand, beaucoup plus tard, j'ai lu la correspondance de Van Gogh, j'ai été frappé par sa façon de regarder les cartes géologiques. Celle de l'Écosse lui plaît. Il rêve de vivre, d'habiter dans des lieux solides, sur des sols granitiques. Sur les cartes géologiques, ces lieux-là sont *rouges* ou *verts*.

Rouge et verte sera la diligence peinte à Arles par Van Gogh. Cette diligence a été décrite par Daudet dans *Tartarin de Tarascon*. Vincent a lu et relu les *Tartarin*. Le premier et le second : *Tartarin sur les Alpes*. Pour Van Gogh, les *Tartarin* sont des livres de raison. Il demande à son frère Théo : « As-tu lu *Tartarin sur les Alpes ?* », puis : « As-tu relu *Tartarin sur les Alpes ?* » Ceci se passe en 1889.

Cinq ans plus tôt (et un an avant la parution de *Tartarin sur les Alpes*), Daudet apprend qu'il est atteint d'une maladie de la moelle épinière. Il va noter sa souffrance quotidienne. Et cela, jusqu'à sa mort. Sa femme publiera ses notes. Le livre s'appelle *La Doulou*. Bien entendu, Daudet n'a pas su qu'un autre souffrant, Van Gogh, lisait ses *Tartarin* quasi religieusement. Et Van Gogh n'a rien su des souffrances de Daudet.

Ouvrons *La Doulou*. Après une conversation avec le Dr Charcot, Daudet, quarante-quatre ans, écrit : « C'est bien ce que je pensais : j'en ai pour la vie. (...) La cuirasse. Les premières sensations que j'en ai eues. Étouffement d'abord, dressé sur mon lit, effaré. (...) La préoccupation de marcher droit, la peur

214

d'être pris d'un de ces coups lancinants – qui me fixent sur place, ou me tordent, m'obligent à lever la jambe comme un rémouleur. (...) Une ombre à côté de moi rassure ma marche, de même que je marche mieux près de quelqu'un.»

Tartarin sur les Alpes est donc un livre drôle, écrit en marge de la douleur. Mais pourquoi Van Gogh tient-il autant à ce livre ? Essayons de comprendre le rapprochement qu'il fait entre sa propre situation et cette histoire – que je dois vous rappeler en quelques mots :

Tartarin de Tarascon décide de planter la bannière de son club au sommet de la Jung Frau. Une fois sur place, il retrouve un Tarasconais émigré qui prétend être guide. À ce titre, cet homme confie un secret à Tartarin : la Suisse n'existe pas. C'est une Grande Compagnie qui a aménagé son territoire pour les touristes. Au fond de chaque crevasse, il y a un filet. Ceux qui tombent ne se font aucun mal. Les avalanches sont calculées. Quel bonheur d'être au courant. Tartarin prend des risques, tombe en riant. Peut-être Van Gogh aimait-il cette image d'un réel truqué, d'un monde où les marchands de tableaux donneraient de l'argent aux collectionneurs.

Voici Tartarin qui suit son idée : il veut vaincre le Mont-Blanc. L'émigré de Tarascon, le faux guide, croit alors nécessaire de dire qu'il a menti : il n'y a pas de filet au fond de chaque crevasse.

Malgré cette terrible nouvelle, Tartarin ne renonce pas. Le copain non plus. Une tempête s'annonce. Ils ont peur, ils montent. À un certain moment, une arête les sépare. Ils sont encordés l'un à l'autre, mais ils ne se voient plus. Tout à coup : un bruit bizarre et une terrible secousse. C'est la corde qui casse et chacun déboule de son côté. Daudet nous donne l'explication : au même moment, l'un et l'autre ont cru que l'autre tombait. Et l'un et l'autre, au même moment, ont coupé la corde. Les montagnards, étonnés, vont retrouver un morceau de corde coupée aux deux bouts.

Ce passage a vivement intéressé Van Gogh. Après le départ de Gauguin, après la dramatique journée de Noël 1888, après l'oreille coupée, après la première mise en cellule, Van Gogh écrit à son frère :

« Gauguin a-t-il jamais lu *Tartarin sur les Alpes*, et se souvient-il de l'illustre copain tarasconais de Tartarin, qui avait une telle imagination qu'il avait du coup imaginé toute une Suisse imaginaire ? (...)

« Et toi qui désires savoir comment étaient les choses, as-tu déjà lu le *Tartarin* tout entier ?

« Cela t'apprendrait passablement à *reconnaître* Gauguin.

« C'est très sérieusement que je t'engage à revoir ce passage dans le livre de Daudet. »

Le commentaire n'est pas facile à faire : quel rapport y aurait-il, selon Van Gogh, entre Gauguin et le copain tarasconais (le faux guide) ? On croit comprendre que Van Gogh accuse Gauguin d'avoir une « telle imagination ». Mais à quel moment de leur vie en commun Gauguin s'est-il rendu coupable, selon Van Gogh, d'« imagination » ?

Survolons la soirée de Noël 1888 à Arles. Nous ne la connaissons que par le récit de Gauguin. Van Gogh l'ayant menacé de son rasoir, Gauguin préfère aller dormir à l'hôtel. Lorsqu'il retourne à la maison, le lendemain matin, il y a du monde place Lamartine. Du monde informé : Gauguin apprend que Van Gogh s'est coupé l'oreille. À l'heure qu'il est (7 h 30), il se repose. Gauguin décide de faire porter Van Gogh à l'hôpital. Il envoie un télégramme à Théo, le frère de Vincent. Puis il prend le train pour Paris.

Van Gogh ne semble pas se souvenir de cette soirée ni de cette nuit. Mais une chose est certaine : il est furieux que Gauguin ait envoyé un télégramme à son frère. Car Théo est venu, s'est dérangé, a dépensé de l'argent inutilement. Dans la première lettre qu'il adresse à son frère sept jours après Noël, il écrit :

«Je suis mon cher frère si *navré* de ton voyage (...) il n'y avait pas de quoi te déranger.» Au dos de cette lettre à Théo, il écrit un mot à Gauguin ou plutôt deux mots «d'amitié bien sincère et profonde». Puis il l'interroge : «Dites – le voyage de mon frère Théo était-il donc bien nécessaire – mon ami ?»

Le télégramme à son frère est une faute. Gauguin s'est *imaginé* que Van Gogh était très malade, fou peut-être. Mais pour une oreille coupée ? Pas même : pour le lobe d'une oreille, fallait-il déranger son frère ?

Dans une lettre à Théo (du 17/1/1889), Vincent dit de Gauguin qu'il est « assez irresponsable », comme l'était le camarade tarasconais. Le camarade tarasconais racontait des bêtises *sans y croire*. De même peut-être pour Vincent, Gauguin, *sans y croire*, a fait semblant d'arriver, de rester, d'être là, de peindre, avant de s'en aller pour une histoire de rasoir.

Dans cette affaire d'alpinisme, Tartarin et le copain tarasconais sont également responsables puisqu'ils ont coupé la corde en même temps. Van Gogh veut-il dire que lui, Vincent, se reconnaît coupable pour *moitié* du départ de Gauguin ?

Maintenant, pourquoi Van Gogh demande-t-il à son frère s'il a bien lu, *jusqu'au bout*, *Tartarin sur les Alpes* ?

C'est peut-être parce que, lorsqu'ils se retrouvent plus tard, à Tarascon, Tartarin et son copain « le guide » s'embrassent, réconciliés.

Un an et demi après avoir écrit cette lettre à son frère, Van Gogh se suicidera, on le sait. Il aura espéré en vain (et sans raison) le retour de

Gauguin. Ce qui explique peut-être cette phrase : «Se souvient-il Gauguin du *nœud* dans une corde retrouvée en haut des Alpes, après la chute ?»

En réalité, ce nœud, symbole de l'amitié, n'est pas dans le texte de Daudet. Dans le texte de Daudet, il y a un morceau de corde coupée aux deux bouts. C'est l'illustrateur du livre qui a *imaginé* le nœud. À tort, puisque Gauguin n'est pas revenu.

Que la douleur de Daudet et que la souffrance de Van Gogh se tendent la main au-dessus d'un livre drôle et d'une lecture amère, cela ne forme-t-il pas une sorte de «tout» ?

Si Daudet souffrant avait su que Van Gogh souffrant le lisait aussi passionnément, peut-être aurait-il eu un moment de répit.

Rappelez-vous : «Une ombre à côté de moi rassure ma marche.»

La lecture est une bonne ombre.

Cette relation Daudet-Van Gogh, nous l'avons racontée sur Arte, il y a une dizaine d'années. C'était, pour nous, un «Lire c'est vivre» exemplaire. Il y a, certainement, des centaines d'autres exemples. Ce serait un beau projet de vouloir les rassembler. Il y aurait Flaubert écrivant à Louise Colet : « As-tu lu un livre de Balzac qui s'appelle *Louis Lambert* ? Je viens de l'achever il y a cinq minutes; il me foudroie. C'est l'histoire d'un homme qui devient fou à force de penser aux choses intangibles. Cela s'est cramponné à moi par mille hameçons. »

Il y aurait Bussy-Rabutin reprochant à Madame de La Fayette d'avoir imaginé, dans *La Princesse de Clèves*, une scène extravagante : une femme avouant à son mari son amour pour un autre homme. Cela, écrit Bussy, « ne peut se dire que dans une histoire véritable ». Autrement dit : les personnes fictives sont priées de se tenir tranquilles. Elles ne doivent pas se prendre pour exemplaires. Elles peuvent faire semblant de vivre et d'aimer, mais en deçà des personnes réelles. Car les personnes fictives sont des créations de l'homme; elles ne sont pas des créatures de Dieu. Et Dieu ne doit pas être concurrencé par les écrivains. Il y a du jansénisme dans la sévérité de Bussy : quelle vanité que la littérature ! Heureusement, la lecture est là, pour lui dire son fait.

Mais lire est parfois dangereux (pour les autres). Prenons la Françoise de Proust. La généreuse Françoise se jetterait dans le feu pour sauver sa patronne, mais un trait d'elle nous révèle l'envers de son cœur. Rappelez-vous : son aide, qu'elle n'aime pas, souffre dans la pièce d'à côté. La mère du narrateur de *La Recherche*, entendant crier cette pauvre aide, envoie son fils porter à Françoise un manuel de médecine. Ce matin, lorsqu'il est venu, le bon docteur a marqué d'un signet la page où sont décrites les souffrances de la pauvre aide, et – indiqués – les remèdes pour les atténuer.

Du temps passe. L'aide crie toujours. Le narrateur, à nouveau, va voir Françoise. Il la trouve en larmes. Elle lit la description des douleurs qu'éprouve son aide et cette lecture la bouleverse tant qu'elle ne songe pas à lui donner les remèdes.

Françoise est une lectrice perverse. Ne sommes-nous pas tentés, parfois, de l'imiter ?

Flaubert avoue franchement. Dans une lettre du « 6 ou 7 août 46 », il écrit à Louise

Colet : «Une lecture m'émeut plus qu'un malheur réel.» Proust a pu lire cette lettre, publiée en 1905.

C'est à se demander si Flaubert n'est pas le modèle de Françoise...

Achevé d'imprimer en novembre 2000
sur presse Cameron
par Bussière Camedan Imprimeries
à Saint-Amand-Montrond (Cher)

51-27-1382-02/4

ISBN 2-720-21382-9

Dépôt légal : novembre 2000.
N° d'Édition : 7312. – N° d'Impression : 005142/4.

Imprimé en France